GILLES COLPRON

M.A. en linguistique
de l'Université de Montréal

LES ANGLICISMES AU QUÉBEC

RÉPERTOIRE CLASSIFIÉ

Préface de Gilles-R. Lefebvre

27ᵉ MILLE

Beauchemin

Dépôt légal — 2e trimestre 1970 — Bibliothèque nationale du Québec.

ISBN 0-7750-0171-6

*Car je suis fatigué des mots qui se
tirent la langue et il ne me paraît
point absurde de chercher dans la
qualité de mes contraintes la qualité
de ma liberté.*

Saint-Exupéry

TABLE DES MATIÈRES

PRÉFACE

C'est avec beaucoup de satisfaction que je me permets de présenter au lecteur l'ouvrage considérable et fort détaillé que monsieur Gilles Colpron a consacré aux emprunts anglo-américains dans notre français canadien. A sa thèse de maîtrise en linguistique, dans laquelle j'ai quelque peu orienté monsieur Colpron et qui est l'ancêtre du présent ouvrage, l'auteur a ajouté un souci utilitaire à l'intention du grand public (équivalents français mieux situés en contexte, notes explicatives, etc.), alliant ainsi intérêt pour les linguistes et profit pour les simples usagers de la langue. Depuis longtemps attendu, ce travail de classification linguistique et de répertorisation utilitaire de nos anglicismes, patiemment recueillis par l'auteur tout au long de sa vie d'étudiant, de traducteur, de professeur et de réviseur linguistique, ne fait pas que s'ajouter à une série déjà longue d'études de même nature. En effet, depuis l'époque d'Arthur Buies, qui, vers la fin du siècle dernier, courait sus à l'infâme anglicisme, jusqu'à nos jours de linguistique sereinement descriptive, sans oublier les méritoires compilations de l'abbé Étienne Blanchard, de nombreux auteurs se sont brisé les dents sur ce rocher de Sisyphe de la purification de notre langue française à la dérive sur une mer anglo-saxonne périlleuse par définition. Les uns comme les autres ont crié au péril, ont prédit les plus sombres destins, ont quelquefois entrevu le port du salut. C'est ainsi que, de décennie en décennie, sans trop savoir où on voulait le mener, notre brave peuple s'est accommodé des clameurs pessimistes que son parler arrachait aux savants grammairiens, mais il n'en a pas moins continué de s'exprimer comme il le pouvait, c'est-à-dire sans la moindre idée de l'état réel de sa langue. Or, tant qu'un peuple n'a pas pris conscience des phénomènes qui animent les profondeurs de sa vie collective, il est incapable d'agir sur eux. J'estime que l'ouvrage de monsieur Gilles Colpron, décrivant avec une grande clarté la nature et les catégories des anglicismes du français canadien, répond à la fois aux critères de la description scientifique et aux exigences d'une honnête vulgarisation.

Au francophone canadien, soucieux de la correction de sa langue, nous recommandons cet ouvrage de référence qu'il pourra consulter en cas de doute sur la propriété d'un terme susceptible, à cause de sa ressemblance avec l'anglais, d'être un anglicisme dans tel sens ou dans tel contexte, sur la correction de telle expression manifestement traduite de l'anglais, de même que sur la traduction à donner à tel 'mot anglais ou telle expression anglaise couramment employés chez nous. Nous pouvons ici nous demander sérieusement s'il est sage pour l'homme cultivé, citoyen d'un pays envahi par l'américanisation de la vie et de la pensée, de s'en remettre au seul critère du doute pour atteindre à un langage correct. Nous sommes tellement tributaires, chez nous, des initiatives

*originellement ou immédiatement anglo-saxonnes dans presque tous les domai-
nes d'activité — initiatives qui déterminent, on ne le sait que trop, la terminologie — que tous les gens qui parlent ou écrivent régulièrement à l'intention
du public (nous pensons ici aux journalistes, aux publicitaires, aux gens de la
télévision et de la radio, aux politiciens, aux enseignants) devraient se faire un
devoir de lire ce livre en entier et d'assimiler les leçons qu'il leur donne. Le
lecteur pourra se rendre compte de l'à-propos de ce conseil en constatant, à l'aide
de l'ouvrage, le degré de mixture et de confusion de notre langue dite française,
que certains croient encore issue tout droit du siècle des Lumières. Cette confusion et ce déséquilibre linguistiques, régnant au Canada français à l'état endé-
mique, fruits d'un bilinguisme informe et mal digéré, continuent de prospérer
grâce à la complicité des institutions de caractère public et des textes de loi.*

*Livre de référence précis et sérieux, s'appuyant, dans ses recommanda-
tions, sur des sources sûres, le présent travail pourra également constituer
l'amorce d'un redressement général, de cette prise de conscience si attendue et
si nécessaire de notre situation linguistique. En effet, cet ouvrage ne s'en tient
pas aux mots-pièges, aux points difficiles, aux nuances quelque peu subtiles.
Il donne une vue d'ensemble de la situation de la langue au Québec au point
de vue de l'anglicisation. Tout le monde sait, évidemment, qu'un "brake", en
français, c'est un « frein ». On pourrait donc trouver que l'énumération de ce
genre de termes anglo-américains en usage dans tous nos milieux ne possède
aucune utilité. Il faudrait vite perdre cette opinion. A mon avis, l'auteur a
eu raison de laisser à son travail l'aspect de description générale, d'exposé global
du parler franglo-québécois qui caractérisait la thèse originale. A côté de son
aspect de répertoire fort détaillé, l'ouvrage, en informant le grand public, prend
valeur d'avertissement motivé et de soutien efficace des efforts entrepris depuis
les débuts de la Révolution tranquille par les autorités gouvernementales dans
le domaine linguistique et culturel. Toute réforme ou tout dirigisme, dans le
domaine du langage, ne peut escompter de succès grâce aux seuls efforts des
organismes publics, sans la participation de tous les éléments de la population.
Aux lecteurs et aux institutions à l'affût des mesures efficaces de refrancisation,
la conclusion du livre offre des éléments d'une politique linguistique depuis
longtemps réclamée par nos concitoyens les plus avertis.*

*Comme il s'agit ici d'une entreprise de description la plus complète pos-
sible de la rubrique « anglicismes » du parler canadien-français, le lecteur pren-
dra garde d'y voir un ouvrage purement correctif ou « normatif » et d'inter-
préter comme des condamnations toutes les dérogations à l'usage français qu'on
y signale. Il serait également erroné de considérer comme des néologismes « de
bon aloi » tout anglicisme faisant partie du répertoire en question. Qu'il nous
suffise de rappeler ici que le point de vue normatif, valable en soi, est, dans le
cas présent, subordonné à celui de la description froide et nette, et dégagé du
souci de la prescription. Par exemple, certains des anglicismes consignés dans le
présent ouvrage, en particulier dans la catégorie* **De disposition** *et dans les sous-*

catégories Métalinguistiques, *constituent des différences intéressantes avec l'usage français, mais ne sont pas vraiment des « fautes ». En étant averti de l'intention « descriptive » de l'auteur, le lecteur saura user de son jugement à l'égard des matériaux présentés à l'instar d'un herbier contenant toutes les espèces de plantes — vénéneuses ou non — connues d'une région donnée. Il ne faudrait cependant pas qu'il s'y trompe: au delà de la froide description il devra trouver une connaissance plus précise des deux langues-mères du franglo-québecois. Sur cette connaissance, dérivée du principe descriptif, il pourra, en toute objectivité, fonder sa propre pratique de la norme. Qu'il me soit permis de souhaiter à ce même lecteur un agréable et profitable voyage sur l'océan des anglicismes et j'ose espérer qu'il saura ne pas se laisser rebuter par une certaine sévérité qu'il pourrait prêter à l'ouvrage.*

> *GILLES-R. LEFEBVRE, professeur agrégé*
> *Département de linguistique et de langues modernes*
> *Université de Montréal*

ABRÉVIATIONS ET SIGNES UTILISÉS DANS CET OUVRAGE

A.A. . . . . anglicisme-archaïsme

abrév. . . . . abréviation

abs. . . . . . absolument

adj. . . . . . . adjectif

adv. . . . . . . adverbe

arg. . . . . . . argotique

a.s.d. . . . . . . au sujet de

ass. dél. . . . . (terminologie des) assemblées délibérantes

B E . . . . bon emploi

Bibl. . . . . . bibliographie

c.-à-d. . . . . . . c'est-à-dire

cf. . . . . confer

Cie . . . . compagnie

coll. . . . . collection

éd. . . . . édition

e.g. . . . . exempli gratia (par exemple)

ex. . . . . exemple

ext. . . . . extension

f. . . . . féminin

fam. . . . . familier

fig. . . . . figuré

interj. . . . . . interjection

iron. . . . . ironiquement

n. . . . . nom

oppos. . . . . . opposition

part. prés. . . . participe présent

péj. . . . . péjoratif

pers. . . . . personne

pl. . . . . pluriel

pop. . . . . populaire

qch. . . . . quelque chose

qcq. . . . . quelconque

qn . . . . quelqu'un

sing. . . . . singulier

s.o. . . . . someone

sth. . . . . something

syn. . . . . synonyme

v. . . . . verbe

v.i. . . . . verbe intransitif

v.t. . . . . verbe transitif

vulg. . . . . . . vulgaire

= . . . . signifie

L'astérisque (*) renvoie à une explication placée au bas de l'anglicisme cité.

AVANT-PROPOS

Le présent ouvrage est tiré d'une thèse déposée à l'Université de Montréal en 1965. Il n'en donne que le matériel de base, c'est-à-dire le corpus classifié des anglicismes recueillis. Nous avons remis à jour ce corpus — voulu exhaustif — et quelque peu remanié la classification ainsi que le texte qui la présente et l'explique. Vu le but pratique de la présente publication, nous ajoutons parfois une explication au bon français donné comme équivalent de l'anglicisme, lorsque la nuance entre le bon et le mauvais emploi du mot ou de l'expression est difficile à saisir. Dans d'autres cas, afin que la dénonciation du mauvais emploi du terme ne vaille pas à ce dernier une suspicion générale et indue (nous avons suffisamment fait l'expérience des inhibitions que peuvent causer chez des sujets parlants consciencieux les dénonciations d'anglicismes), nous donnons en exemple une phrase (introduite par les lettres « B E », pour *bon emploi*) où le mot est employé dans son véritable sens.

La classification détaillée apporte certainement un éclairage utile et évite la monotonie qu'aurait présentée une simple énumération par ordre alphabétique.

D'autre part, la conclusion comporte ici des remarques personnelles constituées surtout de suggestions en vue de l'amélioration de la situation linguistique chez nous.

Signalons enfin notre joie d'offrir ces fruits de longues recherches aux gens soucieux de la qualité de la langue au Québec.

INTRODUCTION

Notion d'anglicisme

Nous entendons ici le mot *anglicisme* dans le sens très large et très général de **façon anglaise de s'exprimer**, ce qui veut dire que cet ouvrage ne porte pas que sur les « faux amis » et les « calques » (c'est-à-dire les mots et les expressions traduits littéralement), mais englobe aussi les « emprunts directs » (mots et expressions non traduits), certaines façons de prononcer et d'orthographier et certains modes de représentation graphique qui sont à l'imitation de l'anglais.

Ceci quant à la compréhension du mot *anglicisme*. Quant à son extension (pour continuer avec un vocabulaire philosophique), nous ne considérons pas comme anglicismes les mots et expressions empruntés à l'anglais mais admis depuis longtemps dans la langue française et consignés dans les dictionnaires usuels, tels *point de vue* (pour opinion), *éditorial, redingote, football*.

Est un anglicisme même l'emprunt ou le calque d'un mot que l'anglais a emprunté à une autre langue, que ce soit le latin, le russe, l'algonquin ou toute autre langue, pourvu que nous ayons emprunté ce mot non pas directement de cette autre langue mais de l'anglais.

Certains des anglicismes que nous donnons peuvent être aussi plus ou moins répandus en France. La question n'était pas, pour les admettre dans notre recueil, que les expressions fussent exclusives au Québec. Il suffisait qu'elles ne fussent pas entrées dans la langue, c'est-à-dire qu'elles ne fussent pas consignées (à moins d'y être dénoncées comme anglicismes) dans les dictionnaires usuels. Puisque ceux-ci ne concordent pas toujours tous à cet égard et qu'il nous fallait donc nous appuyer sur un seul dictionnaire, moderne et faisant autorité, nous avons choisi *Le Petit Robert* (Société du Nouveau Littré, 1967).

Certains articles du corpus seraient aussi bien des archaïsmes ou des provincialismes que des anglicismes. Les cas d'archaïsmes-anglicismes s'expliquent facilement, d'ailleurs, si l'on considère que les Canadiens français sont héritiers d'un français ancien, beaucoup plus près que le moderne de celui qui a tellement influencé la langue anglaise. On conçoit donc facilement qu'il se retrouve dans notre langue de ces expressions et acceptions conservées du vieux français et ressemblant comme des sœurs à des expressions et acceptions anglaises, qui proviennent elles aussi du vieux français.

Quant aux provincialismes-anglicismes, ils s'expliquent par le fait que ce sont les Normands qui ont envahi et dominé pendant trois siècles l'Angleterre et que les Normands étaient fortement prépondérants parmi les ancêtres des Canadiens français.

Mais si nous tenons les expressions et acceptions en question du vieux français ou du dialecte normand plutôt que des Anglo-Saxons — ce qui n'est absolument sûr dans aucun cas —, on peut supposer que, du moins, l'influence anglaise a concouru à maintenir ces usages. Quoi qu'il en soit, ceux-ci n'en sont pas moins des façons anglaises de s'exprimer et nous entendrons par *anglicisme,* dans notre exposé, une façon anglaise de s'exprimer, sans plus, sans voir nécessairement derrière le mot *ressemblance* le mot *calque.*

Dans la liste de nos anglicismes, pour ceux dont il est attesté qu'ils appartiennent à l'usage ancien, nous l'indiquons par les lettres *A.A.* (anglicisme-archaïsme), placées à côté du mot ou de l'expression. Sauf autre indication, nous qualifions un emploi ou une locution d'archaïsme en nous appuyant sur le fait que le *Nouveau dictionnaire national* (3ᵉ éd.) de Bescherelle donne ces mots ou ces sens comme anciens ou les donne sans mention d'ancienneté mais alors que les dictionnaires modernes ne les donnent pas, ou en nous appuyant sur les recherches dont les fruits sont exposés dans l'ouvrage numéro 7 de notre bibliographie.

Pour certains des usages canadiens-français que nous consignons, on ne voit pas trace d'archaïsme ni de provincialisme et l'influence anglaise n'est pas évidente, malgré la ressemblance quant à la forme ou au sens. Mais l'influence anglaise a pu jouer indirectement, en agissant sur la mentalité des Canadiens français, en les portant à être moins « logiciens » dans leurs tournures syntaxiques, plus concrets dans le choix de leurs termes, et à employer un terme générique pour désigner des objets de même espèce qui ont en français — et non en anglais — chacun un nom particulier. C'est ce genre d'influence « sociologique » qui nous semble avoir joué dans un certain nombre de nos anglicismes sémantiques où le mot français est employé dans un « sens plus précis » (voir catégorie 5.2) qu'il n'est employé dans le français universel.

Signalons aussi que nous englobons dans le terme anglicisme les mots et emplois tirés de l'anglais britannique et ceux qui reproduisent ou calquent des mots ou des locutions propres aux États-Unis ou même au Canada.

Par ailleurs, nous avons fait place, dans notre recueil, aux mots et expressions provenant de l'anglais populaire et même argotique. Nous estimons qu'une immense part des anglicismes qui ont cours au Québec se situent socialement au niveau du « slang » et que si on considère que le slang n'est pas de l'anglais, il faut considérer cette part des anglicismes comme n'étant pas du franco-canadien. Une telle conception eût restreint de beaucoup le

champ de notre étude et nous eût obligé à certaines distinctions arbitraires.
Nous avons préféré la conception selon laquelle une langue a plusieurs niveaux,
correspondant aux niveaux de la société qui la parle, et nous nous sommes dit
qu'on ne peut étudier la langue d'un peuple en ne considérant que sa couche
sociale supérieure.

Territoire d'exploration

Les anglicismes que nous citons ont été recueillis à travers le Québec.
Nous aurions aimé étendre notre exploration à tout le Canada français, mais
nous nous sommes vite rendu compte de l'ampleur de la tâche et des nombreuses
distinctions régionales qu'il nous aurait fallu faire. Il aurait fallu, tout au
moins, faire la distinction entre le Québec et le reste du Canada, car il est
général que la langue soit plus contaminée par l'anglais dans la « diaspora »
que dans la province française. Voici quelques exemples d'anglicismes que
nous avons trouvés dans celle-là et que nous n'avons pas rencontrés dans celle-ci:
essayer un examen pour *se présenter à un examen, écrire un examen* pour *passer
un examen, sujet* pour *matière* (scolaire), *grade 1* pour *1re année* (d'études),
bachelier pour *baccalauréat* (bachelor's), *itemmiser* pour *donner le détail de, un
individuel* pour *un particulier, tabler* pour *déposer* un rapport, *figures* pour
chiffres, order pour *commander, forme* pour *formule, ouvre-lettre* pour *coupe-
papier, carte d'index* pour *fiche, je l'ferai pas* (I won't make it) pour *je n'y
réussirai pas, je ne pourrai pas,* jouer *le piano, la guitare* pour *du piano, de la
guitare,* jouer *un disque* pour *faire jouer un disque, le trafic est pesant* pour *la
circulation est dense,* je suis content que *c'est fini* (I am glad it *is* over) pour:
que ça *soit* fini, *papier* pour *journal, actuellement* pour *en réalité, contempler*
pour *envisager, antagoniser* qn, pour *s'aliéner* qn, *harasser* pour *harceler, assumer*
pour *supposer, considérer* de faire qch., pour *songer* à faire qch., appartement
fourni pour *meublé, passer* un véhicule, pour *dépasser* ou *doubler, bande* F.M.
pour *chaîne* F.M., *comment ça va?* (au sujet d'une chanson: *how does it go?*)
pour *quel est l'air?, il est sur son chemin* (he is on his way) pour *il s'en vient* ou
il est en route, je vais te donner un appel (I'll give you a call) pour *je vais te
téléphoner, tourner aux Menthol* pour *changer pour les Menthol* ou *passer aux
Menthol, tenir une position* pour *occuper un emploi, faire sûr que* pour *s'assurer
que, faire du sens* pour *avoir du sens, attaque de cœur* pour *crise cardiaque,
injures* pour *blessures, être alloué* quelque part, pour *avoir accès* quelque part,
il dit à moi (he said to me) pour *il me dit, dépendre sur* pour *dépendre de* ou
compter sur, avoir fini *avec* quelque chose, pour *de* quelque chose, *sur* le radio,
sur la télévision, pour *à* la radio, *à* la télévision, être intéressé *dans* quelque
chose, pour *à* quelque chose, *le plus* on en obtient, *le plus* on en demande, pour
plus... plus, procéder *avec* l'examen, pour *à* l'examen, *attendre pour quelqu'un*
pour *attendre quelqu'un, appeler* pour *déclencher* des élections, *issue* pour
numéro (d'une revue), *en écrit* pour *par écrit, être présenté avec la médaille*
(to be presented with the medal) pour *recevoir, être décoré de la médaille, penser*

de quelqu'un, pour *penser à* quelqu'un, *par* mercredi, pour *au plus tard* mercredi, *par le temps qu'il sera revenu* pour *d'ici à ce qu'il soit revenu* ou *quand il sera enfin revenu, langage* pour *langue* (« elle parle trois langages »), *pipe* pour *tuyau, insuler* pour *isoler* (des fils), *flaveur* pour *saveur, rente* pour *loyer,* etc., etc.

En certains milieux, la langue est si contaminée que l'on se demande si les locuteurs censément francophones ne sont pas tout simplement des gens qui pensent en anglais puis traduisent leur pensée en français. Citons seulement, comme témoignage, les quelques anglicismes morphologiques suivants, qui s'emploient couramment: *acter* pour *agir, disconfort* pour *inconfort, régulations* pour *règlements, change* pour *changement, confident* pour *confiant, réalistique* pour *réaliste, employement* pour *emploi, mécanique* pour *mécanicien, photographe* pour *photographie, nymphomaniaque* pour *nymphomane, admittance* pour *admission* ou *accès, entrance* pour *entrée, hongarien* pour *hongrois, russien* pour *russe,* etc.

Ailleurs, on s'aperçoit que la limite est difficile à établir entre le Canada français et le Canada anglais, tellement foisonnent dans le langage les termes anglais et les mots « bâtards » (par ex.: *better* pour gager, *tighter* pour serrer). Certaines régions nous auraient forcé à citer une part vraiment trop grande du dictionnaire anglais. C'est pourquoi nous avons préféré nous en tenir au Québec, qui présente, par ailleurs, une relative homogénéité.

Dans ce Québec, nous avons négligé les expressions et acceptions trop peu représentatives, en ce sens que leur usage se limite à des cercles très restreints ou à des régions limitrophes dont une forte partie de la population travaille dans la province voisine et y a une grande part de ses loisirs.

Il va de soi que nos anglicismes sont de source canadienne-française uniquement: nous n'avons pas noté ceux que commettent facilement les anglophones qui traduisent leur pensée dans notre langue.

Nos anglicismes sont puisés aussi bien dans la conversation que dans les écrits: journaux, publicité affichée, correspondance commerciale et documentation d'entreprises qu'il nous a été donné de pouvoir examiner.

Dans la quête du corpus, nous nous sommes efforcé d'aller un peu dans tous les principaux domaines, sans trop nous enfoncer dans le vocabulaire technique: nous avons préféré que cet ouvrage garde un intérêt assez général.

Présentation

Notre corpus comprend quelque 2 200 articles. Nous les groupons par catégories et présentons les catégories dans un ordre pour ainsi dire croissant. De façon sommaire, on peut dire que nous nous attachons d'abord aux éléments et caractéristiques des mots, puis aux mots eux-mêmes et enfin à l'assemblage des mots. Dans le concret, ces groupements se traduisent par neuf grandes classes. A l'intérieur de celles-ci, nous faisons des subdivisions inspirées par la logique ou fondées sur les catégories grammaticales traditionnellement reconnues.

Chacune des neuf grandes classes d'anglicismes fera l'objet d'un chapitre de notre travail. Pour chaque classe, nous donnerons d'abord sa définition et les explications nécessaires, lorsqu'il y aura lieu, puis son contenu, c'est-à-dire la partie de notre corpus qu'elle réunit. Nous procéderons de la même façon pour les sous-catégories lorsqu'il y en aura.

Dans l'exposé de notre corpus, nous donnons l'anglicisme, l'anglais d'où il procède et le bon français correspondant. A remarquer que les mots entre parenthèses — à moins qu'ils ne constituent une explication — sont des mots qui peuvent se sous-entendre. D'autre part, le point-virgule sépare deux sens tandis que la virgule sépare deux synonymes.

On verra un point d'interrogation après l'équivalent français que nous donnons lorsque nous ne faisons que proposer un terme ou une expression, ne connaissant pas de terme français équivalant à l'anglais ou d'expression française courante correspondant à l'expression anglaise calquée.

Pour déterminer si tel emploi, telle expression ou telle tournure était un anglicisme, nous nous sommes appuyé sur les dictionnaires ou sur l'usage que l'on peut déceler dans les textes authentiquement français. Dans certains cas, cependant, concernant surtout l'affichage public et routier, la formule est tenue pour anglicisme d'après une constatation sur place de l'usage français.

Nous indiquerons la source du bon français correspondant à l'anglicisme lorsqu'il s'agit d'une matière qui sort des connaissances communes, qui tend vers la spécialisation.

Nous avons numéroté chaque ouvrage ou périodique de la bibliographie, afin d'y faciliter le renvoi, que nous indiquons, par exemple, par « Bibl. 5 ».

1. 1ʳᵉ CLASSE: ANGLICISMES PHONÉTIQUES

Les anglicismes phonétiques sont ceux qui concernent la prononciation des mots.

1.1 SEGMENTAUX

Dans cette sous-classe, l'anglicisme porte sur les phonèmes ou segments phonétiques du signe linguistique.

On remarquera qu'il n'y a la plupart du temps qu'une partie du mot dont la prononciation est anglaise et que, dans certains cas, il s'agit d'une influence indirecte de l'anglais ou d'une manifestation d'une espèce d'anglomanie, les gens interprétant comme anglais des mots qui sont bien français, par origine ou par naturalisation.

Il n'est pas nécessaire, dans cette classe, de donner l'anglais décalqué et le bon français correspondant à l'anglicisme. Nous nous contenterons d'expliquer en quoi la prononciation des divers mots est anglicisée.

cantaloup, prononcé en faisant entendre le *p* final, comme dans le mot « loupe »

cents (pièces de monnaie), prononcé *sèns* au lieu de *cènt*
Nota: L'erreur consiste ici dans l'oubli de ce que, contrairement à l'anglais, le *s* du pluriel ne se prononce jamais en français.

chèque, prononcé *tchèc*

cobalt, dernière syllabe prononcée comme dans l'anglais *cobalt*

handicap, prononcé *hèndicap*

haut, l'*h* étant prononcé (en haut, le haut de la porte)
Nota: On rencontre un tel usage chez des gens dont le langage est fortement imprégné de l'influence anglaise, et s'il ne s'agit pas, dans le présent cas, d'un calque sur un mot précis, on peut du moins y voir une influence indirecte de l'anglais, langue dans laquelle les *h* se prononcent.

Hochelaga (rue), prononcé *ochelaga* au lieu d'*ochlaga*

Magog, prononcé *mégog*

maths (abrév. de *mathématiques*), prononcé *mats* au lieu de *mat*
Nota: Le *s* serait-il justifié dans l'écriture de cette abréviation qu'il faudrait
      tenir compte de la loi universelle suivante: le morphographème *s*, signe
      du pluriel, ne se prononce pas en français, contrairement à l'anglais (où
      il est d'ailleurs aussi bien un morphophonème).

photostat, prononcé en faisant entendre le *t* final

pyjama, prononcé *pydjama*

revolver, prononcé *rivolveûr*

slogan, prononcé *slógun(e)*

standard, prononcé *stèndeûrd(e)*

Stuart, prononcé comme *Stewart*

thermostat, prononcé en faisant entendre le *t* final

volt, prononcé *vôlt*

zoo, prononcé *zou* au lieu de *zoo* ou de *zo*

     Il est intéressant de noter certaines autres similitudes phonétiques entre
le parler québécois et la langue anglaise. Par exemple les voyelles relâchées
qu'ils possèdent en commun: le *i* et le *ou* en syllabe finale qui se termine
par une consonne autre que les allongeantes *v, z, j*. Comparer à cet égard la
voyelle du franco-canadien *poule* et celle de l'anglais *pull,* le *i* du franco-canadien
vite et celui de l'anglais *fit*. Quant à notre *u* de *lune, prune,* etc., il est assez
près du son vocalique que l'on discerne dans les finales anglaises en *ion*
(*dictation, vacation*).

     La similitude des diphtongues est non moins frappante. Il suffit d'en
comparer quelques-unes dans des mots choisis entre une multitude pour constater que l'on peut arriver à des quasi-homonymes d'une langue à l'autre; il ne
serait pas pratique ici d'illustrer la prononciation des mots en les transcrivant

en alphabet phonétique, mais on pourra facilement, dans le petit échantillon que voici, reconnaître la similitude des éléments vocaliques des mots accouplés: *côte, coat*; *hâte, out*; *fève, five*; *père* (prononcé *pér*), *il se dépêche* (prononcé *i s'dépéch*) et *fake, age*; *blême, chaîne* et *time, shine*.

Ces ressemblances nous autorisent à croire possible que le contact de l'anglais ait concouru à maintenir, renforcer, généraliser ou même ressusciter la diphtongaison chez nous. Car nous avons remarqué plusieurs fois, en écoutant causer des vieillards, que leur parler était dépourvu de diphtongues. Nous avons entendu plusieurs fois, de façon certaine, des vieilles gens prononcer d'une façon vraiment française, avec des voyelles pures, des mots tels que *fantôme, chose, chaise, heureuse, connaissance*, mots qui sont couramment diphtongués au Québec. Et il ne s'agit pas là d'un phénomène régional: les enfants mêmes de ces vieillards ont un parler émaillé de diphtongues. Il n'entrait pas dans l'objet de notre thèse de faire une enquête systématique sur la diphtongaison au Québec. Mais ce que nous avons observé nous autorise tout de même à nous poser certaines questions. Vu que la diphtongaison régresse dans les provinces de France, pourquoi est-elle florissante au Canada français? Si elle est beaucoup plus répandue chez la jeune génération que parmi les vieilles gens, le contact de l'anglais a-t-il redonné de la vigueur à un phénomène qui était en voie de disparition? Ou s'agit-il plutôt d'une généralisation du phénomène, les vieillards qui ne diphtonguent pas (à supposer qu'il y en ait un grand nombre d'autres qui diphtonguent) étant des descendants d'habitants de l'Île-de-France ou d'autres régions de France où les diphtongues n'avaient pas cours? Il serait intéressant que l'on fasse une enquête systématique sur le phénomène, par rapport à l'âge des sujets parlants et à leur situation géographique. Nous n'avons voulu ici que signaler un champ intéressant d'études scientifiques.

1.2 PROSODIQUES

L'anglicisme prosodique a trait aux caractéristiques phoniques des tranches plus ou moins grandes de la chaîne parlée. Ces caractéristiques sont de plusieurs sortes, dont certaines sont très complexes par l'immense variété des formes qu'elles peuvent prendre. L'intonation, par exemple, pourrait faire à elle seule le sujet d'une thèse et même de plusieurs. Nous nous en tiendrons ici à des phénomènes plus simples, d'observation plus facile, et que nous avons de fait observés pendant la collecte de notre corpus. Il s'agit de ce qu'on appelle traditionnellement l'accent tonique.

Les phénomènes que nous notons sont des accents de durée plutôt que des accents d'intensité mêlée de hauteur comme en anglais. Ils peuvent quand même être dus à l'influence anglaise, par un phénomène de transposition de l'accent d'intensité anglais en accent de durée dans le franco-canadien, cette sorte d'accent étant, faut-il croire, plus conforme au génie du français. Ce qui nous autorise à croire à une telle transposition, c'est que l'accent se retrouve sur la même syllabe dans les mots franco-canadiens que dans les mots anglais correspondants.

Conformément à la coutume établie en linguistique, nous noterons l'allongement de la voyelle, dans les mots français, en faisant suivre celle-ci de deux points (:); dans les mots anglais correspondants, nous noterons l'accentuation de la syllabe en la faisant précéder d'une apostrophe.

applica:tion (demande d'emploi) — **appli'cation**

appoin:tement (rendez-vous) — **ap'pointment**

dan:ger — **'danger**

gymna:stique — **gym'nastics**

inven:tion — **in'vention**

ma:stic — **'mastic**

pla:stique — **'plastic**

sai:son — **'season**

sécu:rité — **se'curity**

spé:cial — **'special**

sta:tion — **'station**

ta:xi — **'taxi**

tra:cteur — **'tractor**

En plus de ces cas particuliers où la ressemblance avec l'anglais est frappante, on remarque une tendance assez générale chez les Canadiens français à mettre un certain accent sur la première syllabe, dans les mots de deux syllabes, même dans ceux qui ne correspondent pas littéralement à des mots anglais.

Ex.: *chan:ter, men:terie, pa:sser, mi:nuit, lâ:cher, mai:son.* En retrouvant ce même phénomène dans les mots empruntés à l'anglais et assimilés (du moins en partie), tels *la:cteur* (lighter), *fâ:remane* (foreman), *bâ:drer* (bother), *bâ:leur* (boiler), on pourrait se demander si, à partir de ces mots, l'usage ne se serait pas généralisé d'allonger la voyelle de la première syllabe des mots de deux syllabes. D'après les études de certains linguistes sur le franco-canadien, cependant, il faut renoncer à cette hypothèse.

2. 2ᵉ CLASSE: ANGLICISMES GRAPHIQUES

Les anglicismes graphiques comprennent tous les phénomènes qui touchent au langage écrit. Nous en distinguons les catégories suivantes:

2.1 ORTHOGRAPHIQUES

Nous sommes ici fidèle au vocabulaire de la grammaire traditionnelle, les anglicismes de la présente catégorie concernant la manière d'écrire les mots.

On remarquera que cette catégorie est l'inverse de la catégorie 1.1 où, à orthographe française, les mots avaient une prononciation à l'anglaise. Ici, à prononciation française, les mots ont une orthographe qui tient de l'anglais.

addresse — address — adresse

baggage — baggage — bagage

connection — connection — connexion

dance — dance — danse

Elizabeth — Elizabeth — Elisabeth

encourru — incurred — encouru

language — language — langage

marriage — marriage — mariage

paintre — painter — peintre

professionel — professional — professionnel

coupe au **razoir** — **razor** hair cut — **rasoir**

acide **sulphurique** — **sulphuric** — **sulfurique**

syrop — **syrup** — **sirop**

traffic — **traffic** — **trafic**

2.2 TYPOGRAPHIQUES

L'anglicisme porte ici sur l'emploi de lettres majuscules ou minuscules.

les hommes d'affaires **Canadiens-Anglais** — **English-speaking Canadian** business-men — les hommes d'affaires **canadiens-anglais**

N° (abrév. de *numéro*) — **No.** — **n°**

S.M. la **Reine** Elisabeth — H.M. the **Queen** Elizabeth — S.M. la **reine** Elisabeth

2.3 GRAPHÉMATIQUES

Cette catégorie groupe divers phénomènes de notation et de symbolisation graphique.

Lorsqu'un cas ne se prête guère au classement alphabétique, nous le faisons précéder d'un titre descriptif qui détermine ce classement:

arrondissement postal (son indication dans une adresse):
Montréal 4 — **Montreal 4** — **Montréal (4e)**
Nota: Nous avons aussi relevé, dans des publications françaises, les formules suivantes: *Paris 4e, Paris-4e, Paris IVe, Paris (IVe)*. D'autre part, il est à remarquer qu'en France, le chiffre qui suit le nom de la ville dans une adresse indique l'arrondissement administratif, et non pas seulement un arrondissement postal comme au Canada.

Joseph Ledur, **D.D.S.** — Joe Armstrong, **D.D.S.** — Joseph Ledur, **dentiste**

heure:
DÉFENSE DE STATIONNER   NO PARKING
     7 à 9 **A.M.**   7 to 9 **A.M.**   7 à 9 **h**
     4 à 6 **P.M.**   4 to 6 **P.M.**   16 à 18 **h**

Nota: Si l'on tient absolument à diviser la journée en deux périodes de douze heures, il faut dire alors: *du matin, de l'après-midi,* car les expressions *ante meridiem* et *post meridiem,* que l'anglais a empruntées au latin, n'existent pas en français, même si le dictionnaire Quillet-Flammarion les donne.

indication du lieu:
Edmunston, **Nouveau-Brunswick** — Edmunston, **New Brunswick** — Edmunston, **au Nouveau-Brunswick,** Edmunston **(Nouveau-Brunswick)**

M. Jean Dupont — **Mr.** John Bridge — **Monsieur** Jean Dupont
435, rue Delarivière
Saint-Casimir

Jean Lebon, **M.D.** — John Good, **M.D.** — **Dr** Jean Lebon

Jean Lebon, **m.p.** — John Good, **M.P.** — Jean Lebon, **député**

Jean Lebon, **n.p.** — John Good, **N.P.** — Jean Lebon, **notaire**

20 **P.H.** — 20 **P.H.** — 20/**h** (?)
(sur panneaux d'indication routière)
Nota: Sans être sûr que l'on puisse abréger de la façon ci-dessus proposée, nous sommes d'avis que la formule *P.H.* est indubitablement mauvaise. L'anglais dit *per hour,* mais le français ne saurait dire *par heure.* Les seules formules conformes à l'usage sont *à l'heure* et *l'heure.* Remarquer que sur les grandes routes, on sous-entend le mot *heure.* On peut certainement faire la même chose dans les villes.

point à la fin de la date, en tête d'une lettre:
15 janvier 1966. — January 15th, 1966. — 15 janvier 1966

ponctuation dans la date:
28 **octobre,** 1967 — October **28th,** 1967. — 28 **octobre 1967**

ponctuation dans les nombres entiers:
1,294,346 — 1,294,346 — 1.294.346

ponctuation décimale:
8.15 — 8.15 — 8,15

ponctuation dans une adresse:
408 rue Leblanc — **408 White** Street — **408, rue** Leblanc

prénoms:
Yves-R. Tremblay, **Charles-H.** Dupont — **Lester B.** Pearson, **John G.** Diefenbaker — **Yves-Raymond** Tremblay, **Y.-R.** Tremblay

St-Georges de Beauce, **Ste**-Anne de la Pérade — **St.** John City — **Saint**-Georges, **Sainte-Anne**
Nota: Dans les noms de rue, cependant, sur les plaques ou les petits panneaux où l'on doit économiser l'espace, *Saint* et *Sainte* peuvent s'abréger en S^t et S^{te}.

trait d'union:
Pierre **Paul** Sansouci, **J.H.** Bontemps — **J.W.** Ball — **Pierre-Paul, J.-H.**

2.4 D'ABRÉVIATION

Certains des anglicismes de la catégorie précédente ont pu paraître appartenir plutôt à la présente catégorie. On remarquera que celle-ci porte sur la nature de l'abréviation, au sens de façon d'abréger un mot, et non sur l'existence de l'abréviation ou sur la façon de représenter un titre par l'écriture.

appartement:
Apt 5 — **Apt.** 5 — **App.** 5

avenue:
ave. — **ave.** — **av.**

boulevard:
blvd — **blvd.** — **boul., b^d**

Charles:
Chas. Desmarteaux Fourrures, Ltée — **Chas.** — **Ch.** *
* C'est ainsi qu'est abrégé le prénom de Charles Baudelaire, sous son portrait, dans le *Dictionnaire usuel Quillet-Flammarion.*

Québec:
Qué. — **Que.** — **Qc**

2.5 DE DISPOSITION

Cette sorte d'anglicisme concerne la place physique qu'occupent les éléments graphiques les uns par rapport aux autres.

initiales:

AG/mp	**JWS/cm**	N/réf.: 901 C/**AG.MP**
(initiales placées au bas du texte, dans une lettre)	(même chose chez les anglophones d'Amérique)	(chez les francophones d'Europe, au haut de la lettre)

Nota: Dans l'usage français, les initiales du rédacteur et de la dactylo font partie intégrante des références, au haut de la lettre. Dans l'exemple donné ci-dessus, le symbole *C* veut dire que la lettre provient du service commercial, puis suivent respectivement les initiales du rédacteur et de la dactylo (cf. *L'actualité terminologique,* vol. 1, n° 5, mai 1968, bulletin mensuel du Centre de terminologie, Bureau des traductions, Secrétariat d'État, Ottawa).

suscription:

Monsieur Paul Lamourette
150, rue Fleury
Montréal

(nom et adresse du destinataire placés du côté gauche de la lettre, selon l'usage américain, alors que dans l'usage français, ils se placent du côté droit)

titre dans l'adresse:

Monsieur Johan Leroy	— Mr. John King,	— Monsieur Johan Leroy
Directeur	**Manager,**	**Directeur de la Division**
Division des joujoux	**Toys Division,**	**des joujoux**
La Bastringue Ltée	A-B-C Ltd,	La Bastringue, L^{tée}
123, rue Latour	321 Tower Street,	123, rue Latour
Mont-Royal, Qc	Mount Royal, Que.	Mont-Royal, Qc

3. 3e CLASSE: ANGLICISMES MORPHOLOGIQUES

Cette classe porte sur les désinences des mots, désinences qui n'ont pas, en l'occurence, de valeur grammaticale.

addendum — **addendum** — **addenda**

anglifié — **anglified** — **anglicisé**

chaise **berçante** — **rocking**-chair — (chaise) **berceuse**

bonus — **bonus** — **boni**
Nota: Si on s'attache à l'aspect sémantique, c'est d'ailleurs de *prime* ou de *cadeau* (accompagnant un produit que l'on achète), de *prime* (d'assiduité, de rendement), d'*indemnité* (de cherté de vie) ou de *gratification* (de fin d'année) qu'il faut plutôt parler, lorsqu'il ne s'agit pas d'un excédent d'une somme affectée à une dépense sur la somme effectivement dépensée, du surplus d'une recette sur les prévisions, ou du sursalaire accordé à l'ouvrier qui dépasse les normes de production.

complétion (d'un dossier) — **completion** — **complètement**

régime de retraite **contributoire** — **contributory** — **contributif** (ou *à cotisation*, ou encore *par participation;* on dit, d'autre part: assurance *par cotisation* ou *à participation*)

tendance **inflationnaire** — **inflationary** — **inflationniste**

pastilles **médicamentées** — **medicated** — **médicamenteuses**

patroler — **to patrol** — **patrouiller**

patroniser (une entreprise, une candidature) — **to patronize** — **patronner**

plâtreur — **plasterer** — **plâtrier**

acide **tartarique** — **tartaric** — **tartrique**

transformeur (de courant électrique) — **transformer** — **transformateur**

médicament **vitaminisé** — **vitaminized** — **vitaminé**

voteur — **voter** — **votant**

4. 4ᵉ CLASSE: ANGLICISMES DE MODALITÉ GRAMMATICALE

4.1 CONCERNANT L'ESPÈCE

Cette catégorie comprend des cas de substitution d'espèce: en l'occurence, l'espèce adjective au lieu de l'espèce adverbiale.

Si tu réponds **correct**, tu gagnes 25 piastres — If you answer **right**, you win $25 — **correctement**

On est revenus **direct** en ville — we came back **direct** in town — **directement**

Il va venir **sûr** — he's coming for **sure** — **sûrement**

4.2 CONCERNANT LE NOMBRE

actifs: les actifs de cette entreprise — the assets — l'actif

argents: ces argents (A.A.) serviront à défrayer... — these moneys — cet argent, ces fonds, ces sommes d'argent

caleçons: on voit tes caleçons — your drawers — ton caleçon

douanes: cet achat-là passera pas aux douanes — the customs — la douane

pantalons: mets tes pantalons bruns — your pants — ton pantalon

politiques: les politiques d'emploi du gouvernement — the employment policies — la politique

quartiers généraux: à votre gauche, vous voyez les quartiers généraux de l'armée — headquarters — quartier général rayon X: technicien en rayon X — X ray technician — rayons X

salopettes: mets tes salopettes — your overalls — ta salopette

statistiques: les statistiques de l'emploi, à cette date, montrent... — the statistics — la statistique

tarifs: 1 heure, 25c.; 1 journée, $1.00... — rates: 1 hour, 25¢... — tarif

vacances: je prends **une** vacance — **a** vacation — **des** vacances, un congé

4.3   CONCERNANT LA CATÉGORIE VERBALE

concentrer: j'peux pas **concentrer** — I cannot **concentrate** — je ne peux pas **me concentrer**

contracter: le fer **contracte** au froid — iron **contracts** — **se contracte**

spécialiser: y en a qui restent longtemps dans le général avant de **spécialiser** — to **specialize** — **se spécialiser**

5. 5ᵉ CLASSE: ANGLICISMES SÉMANTIQUES

Un anglicisme sémantique, c'est un mot français employé dans le sens qu'a son « sosie » anglais et que n'a pas le mot dans le français universel, ou bon usage français.

Nous distinguons deux sortes de sosie: *de forme* et *de sens*. Le premier est un mot anglais dont la plupart des lettres sont identiques à celles d'un mot français; par exemple, "control" est le sosie de « contrôle », et "application" (mot anglais) est le sosie de « application » (mot français). *Sosie de sens*, en fait, est un abrégement de *sosie de sens général* ou *de sens le plus fréquent* car il consiste en un mot anglais qui, au point de vue du sens, est l'équivalent habituel d'un mot français, bien qu'il ne lui ressemble pas par la forme. Ainsi, "share" et "part" sont des sosies parce qu'ils s'équivalent dans la plupart des contextes; de même pour "broken" et « cassé », qui se correspondent par le sens, d'une façon générale. C'est à cause de cette équivalence générale que l'on traduit parfois indûment un mot par l'autre, car les aires sémantiques des deux mots ne se recouvrent pas complètement, alors que les anglicismes « de forme », eux, sont dus à la ressemblance de forme entre les deux mots. Cette distinction fait le fondement de deux sous-catégories qui pourront revenir dans chacune des catégories d'anglicismes sémantiques: *de forme* et *de sens*.

Ces « catégories » dont nous venons de parler constituent l'autre base de classification que nous avons jugée intéressante. Elle est plus proprement sémantique, car elle porte sur le genre de modification que l'on fait subir, en calquant l'anglais, au sens français du mot calqué. Voici donc les catégories ainsi distinguées:

5.1. SENS ÉTENDU

Le sens du mot français est *étendu* lorsque ce mot est employé dans un sens qui se trouve en dehors de l'aire sémantique que possède le mot dans le français universel. Le terme *étendu* a donc trait à l'ensemble de l'aire sémantique ou au sens global, qui se trouve ainsi étendu ou plus vaste. De fait, c'est un terme commode, qui prend la place de « sens en dehors » (de l'aire sémantique), expression qui, si elle est d'aspect plus bizarre, eût été plus pertinente, car elle s'applique au sens même dans lequel le mot qualifié d'anglicisme est employé. Mais conservons l'expression *sens étendu,* puisqu'elle est plus courante dans les propos sur la langue, et voyons-y une espèce de métonymie.

La plupart des mots que nous donnons, dans la classe sémantique, ont leurs dérivés employés dans le même sens anglais. Il est d'ailleurs normal que, si *entraîner* peut être employé à la manière d'un anglicisme, *entraînement* puisse l'être aussi. Aussi n'indiquerons-nous pas les dérivés, sauf dans quelques cas, où, le mot précédent étant d'une autre catégorie grammaticale, on pourrait croire que chacun des deux mots n'est employé que sous la forme grammaticale où nous le donnons, alors que nous n'avons choisi cette forme grammaticale que pour des raisons de commodité, par exemple parce qu'elle se plaçait mieux dans un exemple court.

On remarquera que l'anglicisme peut comporter une modification de l'espèce grammaticale (e.g. substantivation d'un adjectif) en plus de la modification de sens. Notre classification accorde la première importance à ce dernier phénomène.

5.1.1. DE FORME

5.1.1.1 LINGUISTIQUES

La qualification de *linguistique* s'oppose à celle de *métalinguistique.* Nous entendons par *anglicisme métalinguistique* un anglicisme qui n'est pas une pure question de langue, mais qui se rattache intimement à la civilisation. C'est un fait de langue (terme, acception particulière d'un terme, expression) imposé par une réalité particulière à l'endroit géographique où il est utilisé; « particulière », dans le sens où nous l'entendons, non pas quant à son existence, car plusieurs de ces réalités ont été transplantées sur les autres continents (sans avoir encore de nom officiel dans la langue française), mais quant à sa provenance. En des mots plus précis, nos anglicismes métalinguistiques sont des acceptions, des termes ou des expressions désignant des inventions de la civilisation anglaise ou américaine. La distinction nous a semblé opportune, en effet, entre les phénomènes purement linguistiques et ceux qui sont nécessairement liées à des faits sociologiques.

Cette sous-catégorie pourra se retrouver dans les catégories suivantes. Lorsqu'une catégorie ne contient pas de cas métalinguistiques, nous ne mentionnons pas la qualification de linguistique. Celle-ci doit se sous-entendre, partout où il n'y a pas lieu d'opposer une autre sous-catégorie à la sous-catégorie métalinguistique.

académie Saint-X, Sainte-Y   **academy**   **école**
Nota: Ne peuvent s'appeler *académie* que des établissements où l'on apprend
    un art ou un sport.

académique: année	**academic** year	**scolaire**
matières	subjects	**théoriques**
formation	training	**générale**
liberté	freedom	**pédagogique**

la compagnie paie la nourriture et l'**accommodation**; pour l'**accommodation** des visiteurs;	**accommodation**	**logement**; **hébergement**;
les **accommodations** des hôtels montréalais étaient insuffisants;		**la capacité d'accueil, de logement**;
cette pension offre toutes les **accommodations** possibles		**commodités**

ç'a été l'**accomplissement** de sa carrière;	**accomplishment**	**couronnement**;
ses **accomplissements** comme administrateur		**réalisations, œuvres**

hôpital **accrédité** (par le ministère de la Santé, par la Commission des normes hospitalières)	**accredited** hospital	**agréé**

intérêts **accrus**	**accrued** interest	**courus, (ac)cumulés**

administrer un test	to **administer** a test	**faire passer**

affecter: cette taxe **affecte** 60% de la population	to **affect**	**atteindre, toucher**

affidavit affirmant qu'il était absent	**affidavit**	**déclaration sous serment**

les ministères et **agences** du gouvernement	**agency**	**organisme**

Nota: Une agence a essentiellement un rôle d'intermédiaire (*agence matrimoniale, agence de presse, agence de coopération*).

agenda de la réunion; des journées d'étude	**agenda**	ordre du jour; programme

B E : Ce rendez-vous est inscrit au 7 septembre dans mon agenda.

un vendeur **agressif**; une politique de vente **agressive**	**aggressive**	dynamique, persuasif; vigoureuse

Nota: *agressif* veut dire *qui marque la volonté d'attaquer, qui a tendance à attaquer.* Ce mot comporte donc une idée d'hostilité.

ajustement de compte de salaires	**adjustment**	rectification; rajustement, redressement. révision, relèvement;
d'un appareil		réglage, mise au point

ajustement d'assurance	**adjustment**	expertise**
ajusteur d'assurance	**adjuster**	expert (d'assurance)* expert en sinistres** expert (après sinistre)*** commissaire d'avarie****

   * Expression recommandée par l'Office de la langue française du Québec.
  ** Cf. Bibl. 7, à l'article « Assurance ».
 *** Cf. *L'argus,* journal international des assurances, nº 5083, 29 août 1969.
**** Réservé à l'assurance maritime, selon Bibl. 18.

faire l'**alignement** des roues	wheel **alignment**	le **parallélisme** des roues

Nota: Cf. des agents de la régie Renault. Ailleurs que dans le langage familier. on dit plutôt *régler* que *faire* le parallélisme.

trouver des **alternatives**	**alternatives**	solutions de rechange, autres possibilités

amalgamation de deux compagnies	**amalgamation**	fusion; association

la caisse de retraite assure une **annuité** de 2%...	**annuity**	rente

anticiper de bonnes affaires	to **anticipate**	augurer, prévoir

Nota: *anticiper* veut dire exécuter avant le temps déterminé ou éprouver (un sentiment, une sensation) à l'avance.

un logement de 5 **apparte-**   apartment   **pièce**
ments
Nota: Cet usage aurait cours dans le dialecte normand et serait quelque peu
      répandu dans l'ensemble de la France, selon Félix Boillot, cité par Bibl.
      9. D'autre part, Littré et Bescherelle le condamnent dans leurs diction-
      naires, ce qui prouve qu'il a cours (ou du moins, a eu cours) dans le
      langage populaire français.

une formule d'**application**   application   **demande d'emploi**

appointement chez le dentis-   appointment   **rendez-vous**
te, la coiffeuse (A.A.)
Nota: On trouve *apointement* au sens de rendez-vous chez Froissart et Villon,
      selon Bibl. 2.

appointement comme capi-   appointment   **nomination**
taine, comme gérant

appropriation d'une somme   appropriation   **affectation**
à telle fin

avoir un **argument** avec qn   to have an **argu-**   **discussion, dispute**
                             ment

armature de génératrice   armature   **induit**

l'évaluation est faite par le
bureau des **assesseurs**   assessor   **estimateur**

x' représente l'écart entre le
point-milieu d'une classe et
la moyenne **assumée**   assumed   **hypothétique, théorique**

attachements d'une machine   attachments   **accessoires**

l'**audience** a applaudi (A.A.)   the **audience** ap-   **assemblée, assistance,**
                             plauded   **auditoire, public**

nous soumettrons nos comp-   auditor   **vérificateur,**
tes à un **auditeur**   **expert-comptable**

la commission a besoin d'ex-
perts pour l'**aviser**   to **advise**   conseiller
B E : Nous avions écrit au Gouverneur, pour l'aviser de la date de notre
    arrivée.

balance d'un compte;   **balance** of the ac-   solde;
de la semaine, du matériel;   count; of the   reste;
entre une somme et sa frac-   week, of the stock;   différence
tion utilisée   of the amount

balancement des roues   wheel **balancing**   **équilibrage** *
* Cf. les textes de la régie Renault.

la **bande** du 22ᵉ Régiment   **band**   corps de musique;
(A.A.)   fanfare

bande indienne   Indian **band**   bourgade

mets tous tes sous dans ta
banque   **bank**   tirelire

commerçant acculé à la **ban-**   **bankruptcy**   faillite
queroute
Nota: Une banqueroute est une faillite accompagnée d'acte délictueux. Voir
    l'article *faillite frauduleuse.*

Paul s'en va chez le **barbier**   **barber**   **coiffeur (pour hommes)**
(A.A.)

barre de savon; de chocolat   **bar**   pain; tablette

va te laver les mains dans le
bassin (A.A.?)   (wash-hand-) **basin**   évier
Nota: On a pu tout simplement conserver le nom de l'ancien objet pour dési-
    gner le moderne. Cf. la définition de Bescherelle: « Plat creux de forme
    ordinairement ronde ou ovale... *bassin à laver les mains* ».

ce **bâtard**-là!   that **bastard**!   ce **pendard**, cette **rosse**
                                  (vulg.)

batterie de "flash-light"   **battery**   **pile**
B E : La batterie de mon poste de radio se compose de quatre piles.

bénéfice touché en vertu de   **benefit**   **indemnité, prestation**
sa police d'assurance

mesure qui va **bénéficier** à   which will **benefit**   **profiter** à
tout le monde   everybody
Nota: On peut bénéficier ou profiter de qch. (to take advantage of sth.), mais
     qch. ne peut nous bénéficier, même s'il peut nous profiter.

bicycle de garçon, de fillette   **bicycle**   **bicyclette, vélo** (fam.),
     bécane (f., fam.)
Nota: Un bicycle est un vélocipède (qui n'est d'ailleurs plus en usage) dont la
     roue avant est beaucoup plus haute que la roue arrière.

blanc de chèque, de mandat;   **blank**   **formule** de chèque, de
     mandat, chèque en blanc;
de commande   **bon** de commande

bloc de maisons;   **block**   **pâté; îlot;**
c'est à trois **blocs** d'ici   **rues**

bloc (pour former les cha-   **block**   **forme**
peaux)

jeu de **blocs** (pour enfants)   **blocks**   **cubes**

bol des toilettes   **bowl**   **cuvette**

notre **branche** de Montréal-   **branch**   **succursale**
Est

brassière (pour soutenir les   **brassiere**   **soutien-gorge**
seins)

bref d'assignation; de quo   **breve** (ancien ter-   **exploit; ordonnance**
warranto, de certiorari   me remplacé au-
     jourd'hui par *writ*)

cabinet à boisson;
    de radio, de **télévi-
    seur**
	cabinet	**armoire; bar;
		coffret** (en matière plasti-
		que, pour petits récep-
		teurs), **ébénisterie** (dans le
		cas des meubles en bois),
		meuble

Nota: L'emploi de *cabinet,* au sens de meuble à plusieurs compartiments, est
sorti de l'usage français.

calculer partir lundi; je **calcule** que c'est un coup monté	to **calculate**	**compter, projeter de;** je **crois,** je **suppose,** j'es- time
caméra (pour photographies fixes)	camera	**appareil** (photographi- que), **appareil-photo**
il a un **camp** dans les Lau- rentides; **camp** de vacances	country **camp;** holiday, summer **camp**	**maison** de campagne, cha- let; **colonie** de vacances
canne de conserve; 'de confi- ture; de peinture; de bière	can	**boîte; pot; bidon; can(n)ette**

Nota: A part ses acceptions appartenant au français général, le mot *canne* a
désigné, dans les dialectes de l'ouest de la France, un « récipient en cuivre
qui servait au transport du lait » (le Petit Robert).

le **capitaine** de l'avion	the **captain**	le **commandant**
tous les **caractères** de cette émission étaient personnifiés par **X**	all **characters** of this program	**personnages**
carton de cigarettes; de bois- sons gazeuses	carton	cartouche; panier
c'est un **cas,** ce garçon-là	a **case**	un **numéro,** un **original,** un **phénomène**
cédule des parties de hockey; des courses de chevaux pour la journée; des travaux	**schedule**	**calendrier; horaire; programme**

chance: par pure **chance**, la **chance** a voulu que	chance: by mere **chance**, **chance** so ordain- ed it that	hasard: par pur **hasard**, le **hasard** a voulu que
changer l'huile	to **change** the oil	**vidanger**
le **chapitre** de Montréal de cette association de comptables	the Montreal **chapter**	**section**
se promener en beau **char**	car	**auto(mobile)**, **voiture**
on est dans le dernier **char** (du train)	car	**wagon**, **voiture**

Nota: En langage technique de chemin de fer, le terme de *wagon* est réservé aux marchandises ou au matériel et celui de *voiture* est réservé aux voyageurs.

il y a une **charge** de cinq dollars pour ce service	there is a **charge**	des **frais**
il a deux **charges** contre lui	he faces two **charges**	**chef d'accusation**

Nota: Sens assez proche mais quand même différent de celui qui est exprimé dans l'exemple suivant: « De lourdes charges pesaient sur lui », car *charge* y veut dire indice, preuves apportées, « fait qui pèse sur la situation d'un accusé » (le Petit Robert).

la **charge** de l'avocat de la Couronne	the attorney's **charge**	le **réquisitoire**
charger: **charger** dix dollars; **charger** le temps, la peinture; **charger** des prix fous; **charger** tant de l'heure; **charger** les frais de poste aux clients; vous **chargerez** cela à mon père;	to **charge**	**demander**, **compter**; **compter**, **facturer**; **demander**, **faire**; **demander**, **prendre**; **débiter** les clients des frais; vous **mettrez**, **porterez** cela **au compte de...**, **sur la note de...**;

charger une dépense sur le compte des frais de déplacement		imputer, passer, mettre au compte...

chute de courrier d'ordures ménagères de linge sale * Si le conduit est incliné.	**chute**	descente descente descente, **glissoir** *

journal à grosse **circulation**	**circulation**	**tirage**

la Loi des **cités** et villes	towns and **cities**	**(grande) ville**

Nota: En français, on ne fait pas la distinction, quant au terme employé pour les désigner, entre une ville de moins de 6 000 habitants (ou tout autre chiffre) et une ville qui atteint ou dépasse ce chiffre. Les deux sont une *ville* (ou une *municipalité* sur le plan juridique). On peut parfois. cependant, préciser en disant *grande ville* ou *petite ville*. De plus, *cité* n'est pas un terme des vocabulaires administratif et juridique. Il ne faut donc pas l'employer sur les documents officiels et les panneaux de signalisation routière.

il gagne $150 **clair** par semaine; un bien **clair** d'hypothèque	**clear**	**net;** **franc, libre**

clinique sur la culture du maïs	**clinic**	**conférence pratique**

garantie **collatérale**	**collateral** security	**subsidiaire**

collecteur, -ion	**collector**	**encaisseur** (d'un effet de commerce); **agent de recouvrement;** **percepteur** (des contributions directes)

collection des lettres	**collection**	**levée**

il ne lit d'un journal que les **comiques;** ce **comique** est le plus intéressant de tout le journal;	**comics**	**bandes dessinées, illustrées;** **roman en images, roman dessiné;**

un recueil de **comiques**		un recueil d'**histoires en images** (ou: un illustré, un magazine illustré, un journal illustré)
nous vous revenons, chers téléspectateurs, immédiatement après le **commercial**	**commercial**	**annonce (publicitaire)**, **message publicitaire**
Commission hydro-électrique	Hydro-Electric **Commission**	**Régie**
compensation des accidentés du travail; des accidents de travail	**compensation**	**indemnisation**; **réparation**
il a **complété** sa 8ᵉ année	he has **completed** grade 8	il a **fait**
veuillez **compléter** cette formule	to **complete** a form	**remplir**
conditions du marché financier	**conditions**	**état**
conducteur de train	train **conductor**	**chef** de train
Êtes-vous **confortable**?	Are you **comfortable**?	Êtes-vous **à l'aise**?, Êtes-vous **bien**?

Nota: Les choses (chaises, voitures, postures) peuvent être confortables, mais non les personnes qui les occupent, puisque *confortable* veut dire: qui procure du confort.

comité **conjoint**	**joint** committee	**mixte**
requête **conjointe** des résidents du quartier	**joint** petition	**collective**
il a des **connexions** dans la pègre, dans la politique	**connections**	**relations**, **influences**, **ficelles**
chiffres **conservateurs**	**conservative figures**	**prudents, modérés**

il est mort de la **consomption** (A.A.)	**consumption**	**tuberculose pulmonaire, phtysie**
accusé de **conspiration** relativement à un vol	**conspiracy**	**entente délictueuse, entente criminelle**
le **constable** J. Tremblay	**constable**	**agent (de police)**
constitution d'une société, d'une association	**constitution**	**statuts**
contester un combat *	to **contest** a fight	**disputer**

* *Contester* veut dire discuter, mettre en doute, prétendre faux.

les sketches seront remplacés par une **continuité**	**continuity**	**roman-fleuve, radioroman**; **téléroman** (théâtre à la télévision); **télé-feuilleton** (cinéma à la télévision)

contrôle, -er:	**control**	
des affaires, de la production;		**direction;**
d'un train, d'un bateau;		**manœuvre;**
des freins;		**commande;**
d'un territoire contesté;		**gouverne;**
du débit d'un liquide;		**réglage;**
des prix, de l'exploitation d'un produit;		**réglementation;**
« ce collège n'est pas sous le contrôle de la Commission scolaire »		**autorité, dépendance**
contrôler:		
la situation;		**avoir en main;**
les journaux, l'opinion;		**dominer, diriger;**
une compagnie à fonds social;		**dominer, détenir la gouverne de;**
l'inflation		**endiguer, refréner**

Nota: *contrôle* n'a que le sens de vérification (contrôle d'une comptabilité) et de registre servant à la vérification (état nominatif des personnes qui appartiennent à un corps militaire: *être rayé des contrôles*) et les sens néologiques de maîtrise (contrôle de soi-même, de ses nerfs) et de dirigisme (contrôle des naissances); le verbe *contrôler* a la même aire sémantique que le substantif; il semble cependant assez répandu en France au sens de détenir la majorité des actions dans une société (voir plus haut) et de dominer (« les communistes contrôlent le principal syndicat italien »).

contrôleur d'une compagnie industrielle	**comptroller**	**contrôleur financier, directeur financier**

Nota: *contrôleur financier* semble être, dans la terminologie administrative française, l'appellation usuelle correspondant à l'anglais *comptroller* (voir *Bibliographie des sciences et de l'industrie* de Punod, mai 1960); il va de soi, d'ailleurs, que le terme de « contrôleur » n'est pas assez précis pour désigner le responsable du dispositif de contrôle financier d'une société. Nous avons aussi rencontré (cf. *Aviation, magazine de l'espace*, n° 361, p. 20) « directeur financier », ce qui nous semble respecter davantage la sémantique traditionnelle française, vu que le "comptroller" ne fait pas que vérifier les comptes mais dirige les services financiers de la société.

— A retenir sans doute aussi les équivalences suivantes de *comptroller*, données dans le numéro de septembre-octobre 1968 de Bibl. 18: **contrôleur général des finances, directeur des services financiers, chef de la comptabilité.**

appareils **conventionnels,** méthodes **conventionnelles**	**conventional** appliances, methods	**classiques, traditionnelles**

B E : valeur conventionnelle de la monnaie; formule conventionnelle de politesse (= conforme aux conventions, aux ententes — tacites ou non —, non aux traditions sociales).

assurance **convertible**	**convertible**	**transformable** *

* Cf. Bibl. 7.

favoriser la **coopération** entre les syndicats et le patronat	to promote **co-operation** between labour and management	**collaboration**

Nota: La différence entre les deux mots français semble être celle-ci: la *coopération* indique la participation à une œuvre commune sentie comme un but choisi, tandis que la *collaboration* indique surtout le travail en commun, sans que le but soit senti comme une œuvre particulière que l'on a choisie.

copie d'un journal	**copy**	**exemplaire**

B E : N'oubliez pas de faire une copie (de la lettre) au carbone.

Nota: Une formule peut comporter plusieurs copies, e.g. une pour le candidat, une autre pour le bureau local, une autre pour le bureau central, etc., mais chaque copie peut différer un peu des autres, c.-à-d. porter, tout au moins, l'indication du destinataire; l'ensemble de ces copies forme un *exemplaire* de la formule, qui, lui, est identique à tous les autres qui ont été imprimés lors de la même édition.

corporation de gaz naturel; de Sainte-Eulalie	**corporation**	compagnie; municipalité

Nota: En français, *corporation* désigne l'ensemble des personnes qui exercent le même métier, la même profession (e.g. « la corporation des notaires »).

corriger le compte d'un concessionnaire; facture **corrigée**	to **correct** the account; **corrected** invoice	redresser; rectifiée, rectificative
les fournisseurs doivent soumettre leurs **cotations** d'ici le 5 mai	their **quotations**	leurs **prix**
vous gagnez une magnifique lampe, une **courtoisie** de	a **courtesy**	une **gracieuseté** (vieilli), un **hommage** de, **offert** par
couvert d'un livre; d'une boîte, d'une marmite, etc.	**cover**	couverture; couvercle
les compagnies qui ne sont pas **couvertes** par notre rapport	**covered** by this report	englobées, **comprises** dans notre rapport
couvert d'une hypothèque	**covered** by a mortgage	**grevé**
couvrir un joueur	to **cover** a player	**marquer, talonner, contrer, surveiller**
craque (a.s.d. un objet, une matière qcq.)	**crack**	fissure, fêlure, fente, crevasse, lézarde, rupture

Nota: *craque* = « cavité d'une roche, pleine de cristaux » (*Dictionnaire encyclopédique Quillet*)

il passe son temps à lancer des **craques**	**crack**	**pointe, vanne**
rembourser ses **créditeurs**	**creditor**	**créancier**

le cri du **criquet** m'a empê-   **cricket**   **grillon, cri-cri** (fam.)
ché de dormir
Nota: Il s'agit ici de cet « insecte orthoptère sauteur, de couleur **noire** », tandis
       que le mot *criquet* désigne en réalité un « insecte volant et sauteur, herbi-
       vore *(Orthoptères acridiens)* de couleur **grise ou brune**, très vorace, appelé
       abusivement sauterelle » (cf. le Petit Robert). D'autre part, il s'agit ici
       autant d'un archaïsme et d'un provincialisme que d'un anglicisme, puis-
       que cette acception du mot *criquet* appartenait au dialecte normand, qui
       l'a transmise à la langue anglaise et au parler franco-canadien.

curateur de musée, de biblio-   **curator**   **conservateur**
thèque

jeu de dards *   **dart**   **fléchette**
* Petites flèches qu'il s'agit de lancer à la main dans une cible.

c'est **définitivement** mieux   **definitely**   **certainement, indiscuta-**
comme ça;   **blement, indéniablement;**
Va-t-il venir? — **Définitive-**   **assurément, à coup sûr;**
ment;
Définitivement, ça promet   **décidément;**
d'être intéressant;
il s'est montré **définitivement**   **nettement**
intéressé

nous ne tolérerons aucun   we will tolerate no
délai   **delay**   **retard**
B E : Le travail a été exécuté dans le délai fixé.   Vu le mauvais temps qu'il
       avait fait, nous lui avons accordé un délai de 5 jours.

le rendement de ces bobines   the output of these   à ce qu'on **exige** normale-
est supérieur à la **demande**   coils exceeds nor-   ment, dépasse les **exigences**
normale   mal **demands**   normales

démantèlement de l'usine X   **dismantling**   **démontage**
Nota: Le terme *démanteler* indique que l'action a pour but la destruction en
       elle-même.   Le Petit Robert définit ce verbe, au sens propre, par « Démo-
       lir les murailles, les fortifications de. » et, au sens figuré, par « Abattre,
       détruire ».   Il donne comme exemple de ce dernier sens: « Les grandes
       monarchies qu'avaient démantelées les guerres de Napoléon ».   Le Nou-
       veau Petit Larousse (1968) donne, de son côté, l'exemple suivant: « dé-
       manteler un réseau d'espionnage ».   On voit donc la forte connotation
       militaire ou, par analogie, policière, du mot *démantèlement*.

en **dénominations** de 10 et de 20 dollars	**denominations**	**coupures**
département des bijoux de la lingerie des achats du soudage de chirurgie	**department**	**comptoir** **rayon** **service** **division** **service**
combien avez-vous de **dépendants?**	**dependant**	**personne à charge**
déportation d'un étranger	**deportation** of an immigrant	**expulsion**
dépôt sur l'achat d'un manteau; le candidat du P.C. a perdu son **dépôt**; il faut payer un **dépôt** de 3¢ la bouteille	**deposit**	**arrhes, acompte, versement; cautionnement; une consigne**
on va arriver au **dépôt** à 8 heures	**depot**	**gare**
le **détective** Jean Ledoux, de la police de Montréal	**detective**	**inspecteur (de police)**
le **développement** d'un nouveau procédé; pour le **développement** des ressources naturelles	**development**	**mise au point;** **l'exploitation, la mise en valeur**

diète végétarienne, naturiste   **diet**   **régime**
Nota: Une diète consiste surtout en une privation, une forte réduction de
      nourriture.

les **directeurs** de la Cie X	the **directors** of the Board	les **administrateurs**
directions d'un remède	**directions**	**mode d'emploi**

cette décision est une **disgrâce** pour notre mouvement	a **disgrace**	une **honte**
nous avons une **dispute** avec notre personnel	**dispute**	**différend, conflit**
disqualification, -fier un conseiller, un magistrat; un citoyen, un candidat	**disqualification, to disqualify**	**dégradation civique, dégrader, frapper d'incapacité civique; rendre inéligible**
distorsion des paroles de qn	**distortion**	**déformation**
distribuer les amandes entre les moules	to **distribute**	**répartir**
le **docteur** J.-H. Legrand, de la faculté des Sciences sociales	**Dr.** J.A. Smith	M. J.-H. Legrand, **D.Ph.**
produit; commerce, marché domestique	**domestic** product; trade, market	**indigène; intérieur**
dû pour une cuite, pour se faire couper les cheveux, etc.	**due**	**mûr**
il y a des frais d'**échange** pour encaisser ce chèque	**exchange**	**change, encaissement**
édition du 28 mai	**edition**	**numéro, livraison**

Nota: Un journal peut avoir plusieurs éditions par jour, mais une grande part du contenu est la même d'une édition à l'autre. Par contre, d'une journée à l'autre, le contenu est tout à fait différent et il ne s'agit donc pas là d'éditions. D'ailleurs, les anglophones qui tiennent à s'exprimer avec précision disent plutôt *issue,* en ce sens, que *edition.*

le sirop le plus **effectif**	**effective** medicine	**efficace**
le juge le pria d'**élaborer**, il n'a pas voulu **élaborer**	to **elaborate**	**développer sa pensée, préciser sa pensée, s'étendre là-dessus**

prenez l'**élévateur**, à gauche   **elevator**   **ascenseur**
B E : Dans l'Ouest canadien, on peut voir beaucoup d'élévateurs à grain.

éligible à un emploi, à une   **eligible**   **admissible** à, **qualifié** pour
assurance

protester avec **emphase**;   **emphatically**;   **force, énergie**;
mettre l'**emphase** sur   to lay **emphasis** on mettre l'**accent** sur
Nota: L'emphase, c'est l'enflure, la pompe dans le style.

les mesures **encloses** dans le   the measures **en-**   les projets **contenus**, les
discours du trône   **closed**   mesures **annoncées**

les dépenses **encourues** s'élè-   expenses **incurred**   **engagées, faites**
vent à...
Nota: Encourir qch., c'est s'exposer à qch., s'attirer qch., « se mettre dans le
     cas de subir (qch. de fâcheux) » (Robert).

endosser une opinion, une   to **endorse** an   **souscrire** à, **approuver**
décision   opinion, a decision
Nota: *endosser* a un sens beaucoup plus fort: celui de prendre à son compte.
     assumer la responsabilité de *(endosser une erreur).*

la ligne (téléphonique) est
engagée; je suis **engagé** au   **engaged**   **occupée; retenu**
bureau

j'ai un **engagement** avec Ma-   **engagement**   **rendez-vous**
rie pour mardi

l'**engin** de mon auto fait dé-   **engine**   **moteur**;
faut; l'**engin** du train   **locomotive**

marque de commerce, modèle   **registered** trade   **déposée, breveté**
enregistré   mark, model

lettre, colis **enregistré**   **registered** letter,   **recommandé**
                           parcel

montrez-moi votre **enregistre-**   **registration** certi-   **certificat** d'immatricula-
ment (de véhicule)   ficate   tion

s'enregistrer à l'hôtel, dans les équipes de tennis — to register — s'inscrire

ouvrier, vendeur entraîné; entraînement de la main-d'œuvre spécialisée — trained; training — formé, habitué; formation

Nota: L'entraînement, au sens, d'ailleurs, de formation par l'exercice, est réservé aux sports et à l'armée.

les entrées du grand livre — entries — écritures, inscriptions

l'énumération des électeurs — enumeration — recensement; dénombrement

il sera son escorte pour la danse — her escort — son cavalier

Lafayette Inc., établi en 1905 — established — fondé

on met la date à l'étampe — stamp — timbre (de caoutchouc), tampon

il faut étamper le document — to stamp — apposer le timbre sur, timbrer

lait évaporé — evaporated milk — lait concentré

ceux qui souhaitent un changement éventuel — eventual — ultérieur

ce joueur est éventuellement descendu dans les équipes mineures; j'ai promis de déménager éventuellement — eventually — finalement, par la suite; plus tard

Nota: éventuellement a le sens de possiblement en ce qui regarde l'avenir.

il est un exécutif; — an executive; — directeur, agent exécutif, cadre supérieur;

l'exécutif de la chambre de commerce, d'une association — the executive — conseil de direction, bureau de direction, bureau

Nota: l'exécutif signifie le pouvoir exécutif, dans la structure politique de l'État. C'est le seul emploi possible du mot comme substantif. Au sujet de l'emploi adjectival du mot exécutif, voir les nombreuses fautes énumérées dans Bibl. 7.

extension 22 (téléphone)	**extension**	poste
extension de congé, d'engage-ment, d'échéance d'un effet de commerce	**extension**	prolongation

Nota: L'extension a trait à l'espace (aux sens propre et figuré), non au temps.

nous avons toutes les **facilités** voulues pour l'enseignement; les **facilités** portuaires; on a toutes les **facilités**: aque-duc, égoûts, etc.	**facilities**	locaux; installations, aménagements; commodités, services

B E : fournir à un adversaire toutes facilités de se dérober; facilités de paie-ment (easy terms).

faillir un examen	to **fail** an exam	**échouer à, manquer, rater** (fam.), **louper** (pop.)
le nombre des **fatalités** sur la route	**fatalities**	**accidents mortels**
favoriser telle solution	to **favour** a solu-tion, a measure	**être favorable à, être en faveur de, être pour, ap-prouver**

Nota: *favoriser* veut dire **agir** en faveur de (« l'examinateur a favorisé ce candi-dat »), faciliter (« l'obscurité a favorisé sa fuite ») ou aider au développe-ment de (« certaines conditions sociales favorisent la criminalité »).

fertiliser des œufs	to **fertilize**	**féconder**
figurer 300 boisseaux comme récolte; j'ai **figuré** que c'était une plaisanterie	to **figure**	**prévoir; imaginer, penser, croire**
apportez-moi la **file** de M. X	the **file**	**le dossier**
filer bien, mal, malade; **filer** pour se battre, pour s'amuser	to **feel**	**se sentir;** **être en humeur de, être d'humeur à**

mettez le dossier dans la filière	the **filing**-cabinet	le **classeur**
film d'emballage	packing **film**	**membrane** d'emballage
final(e): édition; texte d'une loi; jugement, décision; vente	**final**	**dernière**; **définitif**; **sans appel**; **ferme**
cinq livres de **fleur**	**flour**	**farine**

Nota: fleur de farine = partie la plus fine de la farine. — L'hypothèse s'impose à nous d'une influnce anglaise phonétique (songer à la prononciation franco-canadienne de *fleur*) et orthographique, jointe à l'influence française du rapprochement de sens avec la définition donnée ci-devant.

forger une signature *	to **forge** a signature	**contrefaire**

* *Forger* peut vouloir dire **inventer** faussement *(forger un document)* mais non **imiter** frauduleusement.

fournaise (d'une installation centrale)	**furnace**	**chaudière**
perdre sa **franchise**; **franchise** d'exploitation; obtenir de la municipalité une **franchise** pour exploiter un restaurant dans un parc; **franchise** de football, de base-ball; le club des Éperviers a obtenu sa **franchise** dans la ligue de l'Est	**franchise**	**droit de suffrage**; **privilège, licence**; **concession**; **licence**; son **admission**
le correcteur d'épreuves lit les **galées**	**galleys**	**placards**
tour de **Gaspé**	**Gaspe** tour	**Gaspésie**
gaz, gazoline (pour automobiles)	**gas, gasoline**	**essence**

on va arrêter pour **gazer**	to **gas**	faire le plein, mettre de l'essence
gouverneur d'une université	**governor**	administrateur honoraire
graduation des élèves de 11ᵉ année, des étudiantes-infirmières;	**graduation**;	remise des diplômes, fête des promotions;
un **gradué** d'université,	a university **graduate**,	un **diplômé**,
infirmière **graduée**; études **graduées**	**graduate** nurse; **graduate** studies	infirmière **diplômée**; études **supérieures**
chemin en **gravelle**	**gravel**	gravier
harnacher une chute d'eau	to **harness** falls	mettre en exploitation, aménager
la direction **identifie** trois objectifs auxquels il faut viser;	**identifies**	reconnaît, décèle, établit
il nous faut **identifier** à quels degrés les différents secteurs de la population...	we must **identify**	découvrir
idiomes de la langue anglaise	**idioms** of the English language	idiotismes
ignition d'une automobile	**ignition**	contacteur; allumage
ignorer une interdiction	to **ignore**	passer outre à
incidemment, c'était un homme très malade	**incidentally**	au fait, soit dit en passant

Nota: *incidemment* est un adverbe qui veut dire accessoirement, accidentellement.

l'**incorporation** de la Johnson Electric; de Sainte-Anne des Monts	**incorporation**	constitution (en société), constitution juridique; érection en municipalité
société **incorporée**	**incorporated**	constituée

indexer un registre; un article	to **index**	**faire, dresser l'index de; mettre dans l'index, répertorier, classer**
bureau de l'**information**	**information** desk	des **renseignements**
ingénieur de marine, de locomotive	**engineer**	**mécanicien**
initier une mode, des études	to **initiate**	**lancer**
cuire jusqu'à ce qu'un couteau **inséré** au centre en sorte clair	bake until knife **inserted** in center	**planté, enfoncé** dedans
café **instantané**	**instant** coffee	café **soluble**
devient partie **intégrale** de	**integral** part of	partie **intégrante**
l'**intention** du projet de loi	the **intention** of the bill	l'**esprit**
syndicat **international**	**international** union	**nord-américain**

Nota: Les Américains qualifient en effet d'« international » certains de leurs organismes dont les ramifications s'étendent au Canada.

introduire un projet de loi	to **introduce** a bill	**présenter**
item du budget, du bilan; du programme, de l'ordre du jour, d'une commande au magasin; de discussion	**item**	**poste;** **article;** **point, sujet, question**
joindre les signataires du traité	to **join**	**se joindre aux**

Nota: Joindre quelqu'un veut dire l'atteindre, par téléphone ou autrement.

programmeur **junior**   junior program-   **subalterne**
                                  mer
commis **junior**   junior clerk   **petit** commis
Nota: *junior* est exclusivement un terme de sport, tout comme *senior* (voir
    plus loin).

domaine réservé à la **juridic-** jurisdiction   **compétence**
tion des provinces

pizza **large**   large   **grande**

le directeur va donner la **lec-** to give a **lecture** **conférence**
ture spirituelle

légal: connaissances   **legal** knowledge   connaissances **juridiques**
        service   department   (service **du**) **contentieux**
        expert   expert   expert **juriste**, jurisconsulte
        auteur   writer   auteur **légiste**, juriste
        carrière   career   carrière **d'avocat**
        pratique   practice   pratique **du droit**
        interprète   interpreter   interprète **judiciaire**
        secrétaire   secretary   secrétaire **d'avocat(s)**
Nota: Le mot *légal* n'a que les trois sens suivants: 1° conforme à la loi, permis
    par la loi (« cette transaction est légale »); 2° prescrit, imposé par la loi
    (« formalités légales »); 3° défini ou fourni par la loi (« contenance légale
    d'un récipient; les voies légales, moyens légaux »)

le gouvernement devrait
adopter une **législation** pour   a **legislation**   une **loi**
combattre la pollution de
l'eau
Nota: La législation, c'est l'« ensemble des lois, des textes législatifs, dans un
    pays ou dans un domaine déterminé. *La législation française, anglaise...*
    Législation civile... aérienne... financière. » (Le Petit Robert)

poursuivre qn pour **libelle**   libel   **diffamation**
Nota: Un libelle est un **écrit**, simplement satirique ou franchement diffama-
    toire.

ma **licence** est toute bossée (bosselée)	**license** plate	**plaque** (d'immatriculation)
numéro de **licence**	**license** number	numéro **matricule**
la comptabilité, c'est pas ma **ligne**;	**line**	**compétence, ressort;**
vous êtes dans quelle **ligne**?		genre d'**affaires, branche;**
on tient pas cette **ligne**-là;		**article, produit;**
une nouvelle **ligne** de jouets;		un nouveau **type;**
une **ligne** de robes;		un **modèle;**
une **ligne** complète de produits de beauté		une **série**, un **ensemble**
traverser les **lignes**	the customs **lines**	la **frontière**
ligue mineure (sports)	**league**	**groupement** *
* Cf. Bibl. 6 vol. 4 et Bibl. 7.		
littérature de la compagnie X; sur l'industrie sidérurgique au Canada	**literature**	**dépliants, textes publicitaires, prospectus; documentation**
local d'un syndicat	**local**	**section (locale)**
local 721 (téléphone)	**local**	**poste**
loger une plainte;	to **lodge**	**déposer;**
un grief;		**présenter, formuler;**
un appel téléphonique		**faire, inscrire**
posologie: 1 **losange** au besoin	1 **lozenge** as required	une **pastille**
maintenir les dossiers;	to **maintain**	**tenir;**
des relations	records; relations	**entretenir**
la **malle** est arrivée,	the **mail**,	le **courrier**,
c'est le camion de la **malle**,	the **mail**-coach,	des **postes**,
la **malle** est passée,	the Royal **Mail**,	le **postillon** (vieux), le **facteur**,
envoyer qch. par la **malle**	by **mail**	par la **poste**

cette coiffeuse fait aussi le manucure; je me suis fait donner un manucure	**manicure**	soin des mains; toilette des ongles; je me suis fait faire les mains, les ongles, je me suis fait manucurer (fam.)

Nota: Le ou la manucure, c'est la personne qui donne les soins.

le meilleur **manufacturier** de meubles au Canada	**manufacturer**	**fabricant**

Nota: *manufacturier* = patron d'une manufacture.

jouer aux **marbres**	to play **marbles**	**billes**

marché Lebon	Smith's **Market**	**épicerie**

Nota: Un marché est un lieu public où vendent plusieurs marchands.

il devait **marier** la petite Durang	to **marry** a girl	**épouser, se marier avec**

Nota: Selon Bibl. 16, cette formule aurait cours dans les dialectes de la Flandre, du Lyonnais, du Nivernais, de la Savoie, de la Suisse, de la Wallonie.

relations pré**maritales**, état **marital**	pre-**marital** intercourse, **marital** status	relations pré**conjugales**, état **matrimonial**

matériel d'un vêtement	**material** of a garment	**étoffe, tissu**

témoin **matériel**	**material** witness	**oculaire; important**

c'est **matière** de goût	**matter** of taste	**affaire, question**

votre billet vient à **maturité** dans une semaine	**maturity**	**échéance**

remède qui contient une **médication** spéciale	a **medication**	un **agent médical**

Grand, petit ou **médium?** (pantalon, objet que l'on achète)	medium	moyen
Bien cuit, saignant ou **médium?**	medium	à point
médium de publicité, d'information	medium	moyen, **instrument, organe, véhicule**
faire valoir le **mérite** de sa cause;	the **merit** of one's case;	le **bien-fondé;**
discuter le **mérite** de la motion	the **merit** of the motion	le **fond, l'objet**
les **minutes** de l'assemblée	the **minutes** of the meeting	le **procès-verbal**

Nota: A part son sens bien connu, *minute* veut dire: « Original d'un acte authentique dont le dépositaire ne peut se dessaisir. *Minute d'un jugement. Minutes des actes notariés* (conservées au minutier). » (Le Petit Robert)

maison, appartement **modèle**	**model** home, apartment	maison, appartement **témoin**
les conditions **monétaires** de la convention collective;	the **monetary** terms;	les conditions **d'argent, pécuniaires;**
pour des raisons **monétaires**	for **monetary** reasons	**financières**

Nota: *monétaire* veut dire relatif à la monnaie, non à l'argent.

résultat **mystifiant**	**mystifying**	**déconcertant, déroutant**

Nota: *mystifier* veut dire: tromper (qn) en abusant de sa crédulité et pour s'amuser à ses dépens.

les joueurs de la Ligue * **nationale**	**National** Hockey League	les joueurs du groupement **canado-américain**

* Voir le mot *ligue.*

la **nomination** du candidat républicain à la présidence des États-Unis se fera demain,	**nomination**	**désignation, choix**
cinq candidates seront **nommées** pour le prix de beauté	**nominated**	**désignées, choisies**

afficher une **notice**; recevoir sa **notice**;	**notice**	un **avis**; son **congé**, son **avis de congédiement**;
donner sa **notice**		sa **démission**, son **avis de démission** (d'un emploi), son **avis de départ** (d'une pension)

l'**offense** dont l'accusé a été reconnu coupable	the **offence**	le **délit**, la **faute**, le **crime**

un **officier** de la Cie **X**	an **officer**	un **administrateur**

un **officier** du syndicat	an **official**	un **membre de la direction**, un **dirigeant**; un **agent**, un **représentant**, un **responsable**

M. X va **officier** à l'ouverture des jeux; le lanceur des Tigers avait **officié** cinq manches au monticule	to **officiate**	**présider**; **fait**

Nota: *officier* veut dire célébrer un office religieux ou, au figuré, agir, procéder comme si l'on accomplissait une cérémonie (« Clémentine officie... pieusement devant la table. Elle prépare d'abord le déjeuner du maître. » — Duhamel, cité par le Petit Robert).

l'**opératrice** va me donner le numéro	the **operator**	la **téléphoniste**

opérer: son magasin **opère** depuis deux mois;	to **operate**	**est ouvert**;
cet épicier **opère** depuis deux mois;		**est en affaires**;
les firmes qui **opèrent** au Québec;		**font affaire**;

compagnie qui **opère** des bureaux au Québec;		**a** des bureaux;
opérer une loterie, un commerce		exploiter, tenir

opérer * une machine;	to **operate**	faire fonctionner, manœuvrer, **conduire**;
une pompe, un dispositif		actionner

* *Opérateur* se dit maintenant, à la place de conducteur, lorsqu'il s'agit de machines que l'on ne déplace pas. Mais le verbe *opérer*, dans ce cas, n'a pas encore remplacé *faire fonctionner*.

profiter de l'**opportunité**;	**opportunity**	occasion;
opportunité d'emploi		occasion, **possibilité**

Nota: L'opportunité (en anglais, *advisability*), c'est le caractère opportun, indiqué, à propos, d'une chose (« discuter de l'opportunité d'une mesure »).

un **ordre** d'épicerie	an **order**	une **commande**
marchandise en bon **ordre**	in good **order**	état
Rivière **Ottawa** (signal routier)	**Ottawa** River	**Outaouais**
un **pamphlet** de la compagnie X	**pamphlet**	prospectus, dépliant, brochurette
les **parties** d'une machine	**parts**	pièces
on est à faire les **partitions** de nos nouveaux locaux	**partitions**	cloisons
passe pour entrer dans un édifice, pour visiter une exposition;	**pass**	laissez-passer, carte d'entrée;
une **passe** pour un spectacle;		billet de faveur;
il a une **passe** en tant qu'employé de la société;		permis de circulation, bon de circulation, carte de circulation;
je me suis acheté une **passe**;		abonnement; **carnet** (de billets);
passe de saison		carte d'**abonnement**

passer une loi; un règlement; des remarques; un billet	to **pass**	voter; **émettre; faire; souscrire**

B E : passer un acte, une commande, un accord, un contrat.

mettre les **patates** au feu	potato	**pomme de terre**

Nota: Selon Bibl. 16, le mot *patate* s'emploie pour désigner la pomme de terre en Anjou.

patron fleuri (d'une robe, d'une jupe)	**pattern**	**dessin, motif**

les ministres s'adonnent au **patronage**	patronage	**favoritisme**

rue nouvellement **pavée** *	**paved** street	**asphaltée**
route **pavée**	**paved** road	**goudronnée; revêtue**
paver une route	to **pave** a road	poser le revêtement de, revêtir

* *Pavé* veut dire: recouvert de pavés (blocs de matière dure).

pilote d'un bec de gaz	**pilot**(-flame)	**veilleuse**

une **pinte** de bière	a **pint** of beer	une **chopine**

La Malbaie est une bien belle **place**	a beautiful **place**	**localité, endroit, ville**

placer un appel téléphonique; une commande; une question à l'ordre du jour; qn déjà vu	to **place**	**faire;** **passer; inscrire; remettre**

plan d'assurance, d'indemnisation, de paiement	**plan**	**régime**

plate-forme de la gare	**platform**	**quai**

poli à ongles; à chaussures	nail, shoe **polish**	**vernis; cirage, crème, pâte**

être **positif** que	to be **positive**	**certain**

décrocher une belle **position**	position	**emploi, poste, place, situation**
il est **positivement** interdit d'entrer	positively	**formellement**
il faut de la **pousse** pour obtenir un de ces postes-là	pushing	**influence, piston, pistonnage**
y a pas de **pouvoir** ce matin; une auto qui a beaucoup de **pouvoir**; le **pouvoir** de Beauharnois	power	**courant** (électrique); **énergie, puissance; centrale hydro-électrique**
pratiquer une pièce de théâtre, un numéro de chant; passer une heure par jour à **pratiquer** (la boxe, le judo); **pratiquer** son piano	to practice	répéter; s'entraîner à, s'exercer à; travailler
une heure de **pratique**	practice	de répétition, d'exercice, d'**entraînement** (sports)

B E : Pratiquer le droit, la médecine (c.-à-d. avoir la médecine comme profession).

actions **préférentielles**	preferred	**privilégiées**
avoir un **préjudice** contre une maison	a prejudice	un **préjugé**, un **parti pris**
faire exécuter une **prescription** à la pharmacie	a prescription	une **ordonnance**

Nota: « *Prescriptions d'un médecin*: recommandations consignées sur l'ordonnance. » (Le Petit Robert)

presser avec une pattemouille	to **press** a suit	**repasser**
secrétaire **privé**; endroit **privé**	private secretary; private place	**particulier**; **retiré, isolé**
employés **professionnels**	professional employees	**spécialisés**

programme de télévision, de   **programme**   **émission**
radio
B E : Le programme d'été de Radio-Canada comporte plusieurs bonnes émis-
      sions. — Le programme de cette émission comporte cinq tours de chant.

Les entrepreneurs en construction Lapierre et Fils ont
obtenu le contrat pour ce
projet;   this **project**   cet **ouvrage;**
projet d'urbanisme, de réno-   **entreprise, opération;**
vation;
les ouvriers mangent à la
cantine du **projet;**   du **chantier;**
ils logent dans le **projet** X   les **habitations**
B E : Le maire n'a pas encore révélé ses projets quant à l'utilisation qui sera
      faite des terrains de l'Expo. Les architectes de la municipalité ont dressé
      un projet sommaire de constructions.
Nota: Un projet, ça ne peut être quelque chose de concret comme un chantier
      ou un groupe d'habitations et ça ne peut que concerner l'avenir.

promoteur de combats de   **promoter**   **entrepreneur, organisateur**
boxe

promouvoir un article de   to **promote**   **faire de la réclame pour,**
commerce   **faire de la publicité à;**
                                                             faire mousser

on obtient la **pulpe** par des   wood**pulp**   **pâte à papier**
procédés mécaniques et chi-
miques
Nota: La pulpe existe à l'état naturel dans les arbres.

qualifications requises pour   **qualifications**   **qualités, titres et qualités,**
occuper un emploi   **formation, compétence**

questionner un compte, une   to **question** sth.   **poser des questions au su-**
déclaration; je **questionnerais**   **jet de, vérifier, mettre en**
ça, moi (cet article-là)   **doute, scruter, examiner,**
                                                              discuter

rajuster un tarif   to **readjust**   **remanier**

X a fait un beau **ralliement** pour l'emporter sur Y	**rally**	**sursaut, retour d'énergie; effort de dernière heure**
rapporter l'accident à la police; je vais te **rapporter**; se **rapporter** malade; se **rapporter** à un supérieur	to **report**	**signaler; déclarer, dénoncer;** se **porter;** se **présenter**
le numéro 502111 des **records** de la Cour supérieure;	**record**	**dossier;**
si j'avais su qu'il avait un tel **record**, je l'aurais pas pris en pension;		**casier judiciaire;**
je vais consulter les **records** de la compagnie;		**archives;**
les **records** du service financier;		**livres;**
record de comptabilité, de présence;		**registre;**
record d'un acte notarié;		**minute;**
il est temps de changer les **records** de ton gramophone		**disque, enregistrement**
le **réentraînement** des travailleurs	**retraining**	**recyclage** (?), **reconversion** *

* Emploi relevé plusieurs fois dans le journal Le Monde.

référer: il n'a pas **référé** à ce qui s'était passé;	to **refer**	**fait allusion;**
cette lettre **réfère** à l'accident d'il y a deux ans;		se **réfère;**
cette note **réfère** à tel dossier;		**renvoie;**
référer une proposition au comité;		**renvoyer;**
je vous **réfère** à tel livre;		**renvoie;**
référer qn à qn;		**adresser, envoyer;**
référer une affaire à son avocat;		**confier, mettre entre les mains de;**
le patron a **référé** la lettre à son adjoint;		**transmis, confié;**
la question qui a été **référée** au tribunal;		**soumise, déférée;**

veuillez vous **référer** à la let-
tre du 10 mars; *   vous **reporter;**

ça **réfère** à ce que vous disiez   **se rapporte, a trait**

* *Se référer à,* c'est s'en rapporter à, consulter qch. comme source d'autorité,
pour en déduire des lignes de conduite (ex.: se référer à quelqu'un, à l'avis
de quelqu'un, à une définition, à un texte de loi, à un dictionnaire). Au
sujet des choses, *se référer à* veut dire se rapporter à, avoir trait à. — A
remarquer que le verbe *référer* ne s'emploie qu'avec les pronoms *en* ou *se,*
et dans des sens bien déterminés.

gaz (= essence), menu, for-
mat, séance (par oppos. à ex-
traordinaire) **régulier, régu-**   **regular**   **ordinaire**
lière

prix, modèle **régulier**   **courant, ordinaire**
personnel **régulier**   **permanent**
professeur, surveillant **régu-**   **attitré, habituel**
lier

horaire **régulier**   **normal**
les moyens d'enquête **régu-**   **usuels**
liers n'ont pas réussi

Nota: *régulier* a surtout trait au temps: il signifie approximativement *à inter-*
    valles égaux (« frapper à coups réguliers »); ou bien il évoque une idée
    d'uniformité, de symétrie: *rythme régulier, traits réguliers.* Il veut aussi
    dire: permis *(coup régulier),* conforme aux règles *(vers réguliers),* qui ne
    présente pas d'irrégularité dans la conjugaison *(verbes réguliers).* Appli-
    qué aux personnes, l'adjectif *régulier* se dit du clergé qui n'est pas sécu-
    lier (« clergé régulier ») et des troupes qui dépendent du pouvoir central
    (« armées régulières »); il a aussi le sens d'assidu, ponctuel, réglé, constant
    (« il est régulier dans ses habitudes, son travail; c'est un élève régulier »);
    enfin, il se dit d'une personne qui respecte les usages, les règles en
    vigueur dans un milieu, une profession, une activité (« régulier en
    affaires »).

réhabilitation d'un handica-   **rehabilitation**   **réadaptation, rééducation;**
pé;
d'un déséquilibré, d'un per-   **guérison, redressement**
verti

Nota: *réhabilitation* = fait de rétablir dans une situation juridique antérieure,
    en relevant de déchéances, d'incapacités; cessation des effets d'une con-
    damnation à la suite de la révision d'un procès; le fait de restituer ou de
    regagner l'estime, la considération perdue: « La réhabilitation des pas-
    sions, dans l'œuvre de Vauvenargues ». (Cf. le Petit Robert). On voit

donc que la réhabilitation a surtout trait à la réputation, non à l'état réel au point de vue de la capacité physique ou de l'équilibre psychologique.

renverse (des voitures automobiles)	**reverse**	**marche arrière**
renverser un jugement	**to reverse**	**casser, réformer, infirmer**
réquisition de matériel (de la part d'un bureau à un service d'approvisionnement);	**requisition**	**commande**;
de crédits (de la part d'un service qcq. au service financier)		**demande**
résidu d'un compte	**residue**	reliquat
un emploi pour un homme **responsable**	a position for a **responsible** man	**sérieux, consciencieux, digne de confiance**
retracer un document égaré	**to retrace**	retrouver
gagner la première **ronde**;	to win the first **round**;	la première **manche**;
la deuxième **ronde** de l'omnium canadien	the second **round**	la deuxième **partie, le 2e parcours, tour** (?)
sanctuaire d'oiseaux, de gibier	bird, game **sanctuary**	refuge
satisfait que le plaignant a raison	**satisfied** that the plaintiff is right	**convaincu, certain**
sauver de l'argent, du travail, de l'espace;	to **save**	**épargner, économiser**;
du temps;		**gagner, économiser**;
un but (sports)		**empêcher**

Nota: On sauve ce qui est en train de se perdre.

veuillez **sceller** les enveloppes	to **seal**	**cacheter**

des **scientistes** ont découvert que...	scientist	savant; scientifique, homme de science

Nota: Un scientiste est un partisan du scientisme.

seconder une motion, une proposition	to second	appuyer

B E : Le chirurgien a une équipe pour le seconder dans son travail délicat.

section 5 de la loi	section	article

Jean Lebon **senior**	John Good **SR.**	père, aîné
fonctionnaire **senior**	senior officer	supérieur
commis **senior**	senior clerk	premier commis, commis principal

avis de **séparation**	separation notice	de cessation d'emploi, de départ

servir une peine de dix ans de prison, sa suspension (au hockey); **servir** une ordonnance, un acte judiciaire	to serve a sentence, a suspension; to serve a writ	purger; signifier, délivrer, notifier

sans frais **significatifs**	significant costs	important, considérable

mécontents du choix du **site** du congrès; de l'hôpital	site	endroit, lieu, siège; emplacement

Nota: Le site, c'est le paysage qui entoure, ou la configuration du lieu.

il divague même quand il est **sobre**	when he is **sober**	à jeun

Nota: La sobriété est une qualité, non un état.

en or, en caoutchouc **solide**	solid	massif, plein

il est **solliciteur**: il passe dans les maisons proposer des marchandises pour rapporter des commandes à ses partons;	solicitor	placier;
le **solliciteur** de la fédération des œuvres est passé ce matin		le représentant, le quêteur

il y a aura un bingo dans le soubassement de l'église	in the **basement**	**sous-sol**

Nota: *soubassement* désigne la partie inférieure des murs, reposant sur les fondations et sur laquelle porte l'édifice.

soumettre: M. Lesage a soumis que..., je **soumets** respectueusement que l'accusé n'avait pas d'intentions délictueuses	to **submit**	**prétendre, alléguer**

soumettre un mémoire à une commission d'enquête	to **submit** a brief to a commission	**présenter**

Nota: On peut soumettre un mémoire à un expert afin d'en recevoir des avis, des commentaires avant de le présenter à l'organisme auquel il est destiné. Mais on ne saurait soumettre le mémoire à cet organisme, car un mémoire a pour but de donner des opinions, non d'en demander.

les **Soviets** l'ont emporté sur les Suisses dans le tournoi...	**Soviets**	**Soviétiques**

spécial (dans un restaurant); **spécial** de la semaine;	**special**	**plat(s) du jour;** **solde, rabais, occasion, article-réclame;**
prix **spécial**; le conseil municipal a tenu hier une séance **spéciale**		**réduit, de faveur, de solde;** **extraordinaire**

les **spécifications** du contrat	**specifications**	**stipulations**

cas **spécifique**, objectif **spécifique**	**specific** case, objective	cas **particulier, précis**, objectif **déterminé**

Nota: *spécifique* veut dire propre à une espèce particulière (« qualité spécifique »), qui distingue entre elles les espèces d'un même genre (« caractères spécifiques »), caractéristique d'une chose et d'elle seule (« réaction spécifique », « microbe spécifique ») et qui a son caractère en ses lois propres, ne peut se rattacher à autre chose ou en dépendre (« Il était plus facile... de voir en la peinture la représentation d'une fiction, que d'y voir un langage spécifique » — Malraux).

spéculations sur l'objet d'une visite	**speculations**	**conjectures, hypothèses**
magasin de **sports**	**sports**	**articles de sport**
à chaque **stage** de la procédure; à ce **stage** de l'évolution	**stage**	**phase, étape; stade**
les **standards** de production	**standards**	**normes**
le train arrive à la **station** à .2 h.; **station** A, B, C... (postes)	**station**	**gare; succursale**
statut civil	civil **status**	**état**
les **statuts** du Québec	the **statutes**	les **lois**, la **législation**
une **subsidiaire** de la Cie X	**subsidiary**	**filiale**
supporter un candidat, une mesure	to **support**	**appuyer**

Nota: *supporter* ne veut dire que soutenir, porter le poids de, endurer, résister à *(plat qui supporte le feu; cette thèse ne supporte pas l'examen)*, admettre *(estomac qui ne supporte pas la boisson; je ne raffole pas des épinards, je les supporte, les trouve mangeables tout au plus)*.

t'es pas **supposé** faire ça;	**supposed**	tu n'es pas **censé** faire cela, tu n'as pas le droit de faire ça;
je suis **supposé** y aller		je suis **censé**, je dois y aller, il est convenu que j'irai
un **supposé** expert	**supposed**	**prétendu**
fournir un **syllabus** de chaque cours	**syllabus**	**sommaire**
offrir ses **sympathies**	one's **sympathy**	ses **condoléances**

pilules qui aident tout le système	system	organisme
posologie: une **tablette** avant chaque repas	one **tablet**	un **comprimé**
taxer son énergie, sa patience	to **tax**	**exiger un grand effort de, mettre à l'épreuve**
le maire achève son **terme**; le prochain **terme** de la cour civile; durant le **terme** de la présente convention	term	**mandat**; **session**; **période de validité**
la mélodie qui sert de **thème** aux Belles Histoires des Pays d'en haut	theme	**indicatif (musical)**
vous prenez un **tissu** et il en sort un autre de la boîte	one **tissue**	un **mouchoir** (en papier de soie)
la lumière a **tourné** jaune	the light **turned** yellow	le feu a **passé au** jaune, est devenu jaune
c'est ma **traite**	this is my **treat**	c'est ma **tournée**, c'est moi qui paye, qui régale, qui arrose
les **transactions** (à la Bourse)	the transactions	le **mouvement des valeurs**
transfert d'autobus	transfer	**correspondance**
transiger avec telle compagnie	to **transact**	**faire des affaires, traiter**
trappe (à souris, à rat)	trap	**piège, souricière, ratière**
trouble: la visite, c'est bien du **trouble**; elle se donne beaucoup de **trouble** pour bien recevoir ses invités;	trouble	du **dérangement**; de **peine**, de **mal**;

je l'transcris pas, c'est trop de **trouble**;

de **travail**;

avec ce procédé-là, on a toujours du **trouble**;

des **ennuis**, des **embêtements** (fam.), des **emmerdements** (vulg.);

cette affaire-là nous a causé bien du **trouble**;

des **tracas**;

c'est un paquet de **troubles**;

un tas de **soucis**;

ils nous ont pas fait de **trouble**;

de **difficultés**, d'**histoires** (fam.);

si vous voulez vous éviter du **trouble**;

des **désagréments**;

c'est un **trouble** dans la transmission;

une **défectuosité**;

la contamination, c'est pas mes **troubles**;

c'est pas mon **problème**;

mes dépenses, c'est pas tes **troubles**

c'est pas tes **oignons**

Nota: Le trouble, c'est l'émotion, le bouleversement psychologique, ainsi que le désordre, l'agitation collective *(troubles politiques)* et « la modification pathologique des activités de l'organisme ou du comportement de l'être vivant... *Troubles physiologiques. Troubles de la vision...* » (le Petit Robert).

un motel de 15 **unités**	unit	chambre; **appartement**
procurez-vous ces **valeurs**	values	**articles de qualité**
c'est un artiste **versatile**;	versatile	**aux talents variés**, à plusieurs **genres**;
instrument **versatile**		**universel**, **souple**

il porte une **veste** * sous son habit, sous son gilet

he wears a **vest** under his jacket

un **gilet** sous son veston, sous sa veste

* Il s'agit ici de ce vêtement ajusté, sans manches, habituellement de la même étoffe que le veston et qui se porte sous ce dernier, par dessus la chemise.

5.1.1.2 MÉTALINGUISTIQUES

adresse en réponse au discours du trône

address

| commission scolaire | school **commission**, school board | **conseil** scolaire |

| Lebon & Fils, **limitée** | Good & Son **Limited** | |

Nota: La correspondance entre ce genre de compagnies et les sociétés anonymes françaises n'est qu'approximative.

5.1.2 DE SENS

acheter un on-dit, une proposition, une argumentation	to **buy** a gossip, a proposal, an argumentation	**gober, accepter, admettre, se rendre à, se laisser convaincre par**
amener un projet de loi	to **bring** in	**déposer, présenter**
le conseil municipal de cette **banlieue**	this **suburb**	**municipalité de banlieue**
Merci. — **Bienvenue**	welcome	**(il n')y a pas de quoi, c'est un plaisir, à votre service, ce n'est rien, de rien, je vous en prie**
mettre son peigne dans sa **bourse**	purse	**sac (à main)**
briser un record	to **break** a record	**battre**
la lampe est **brûlée**; **brûler** sa santé, ses forces	**burnt** off; to **burn**	**grillée**; **ruiner, épuiser**
brûleur de lampe	burner	**bec**
carré Viger, Saint-Louis, etc.	square	**place; square** *

* « Petit jardin public, généralement entouré d'une grille et aménagé au milieu d'une place. » (Le Petit Robert)

| j'étais **cassé** comme un clou | broke | **sans le sou, fauché, à sec** |

casser sa parole;	to **break**	manquer à;
sa promesse;		ne pas tenir, violer;
une soirée;		mettre fin à;
un billet de dix dollars;		entamer;
son auto;		roder;
le français		écorcher, parler avec un accent

chambre 305 (d'un édifice public, d'un immeuble commercial)	**room**	salle (e.g. du Palais de Justice); bureau, local, pièce

je suis tombé sur un vrai

citron	**lemon** *	cochonnerie (?)

* « Auto qui ne donne pas satisfaction, qui donne dès l'achat toutes sortes d'ennuis à son propriétaire. » (E. et S. Deak, *Grand Dictionnaire d'Américanismes*, Éditions du Dauphin, Paris, 1966)

clés d'une machine à écrire	**keys**	touches

comprendre:

Je **comprends** que vous avez fait une demande...	I **understand**...	Je **crois savoir**, J'ai appris

couper les prix;	to **cut** prices;	réduire; concurrencer;
couper les dépenses	to **cut** the expenses	comprimer, réduire

Nota: *couper les dépenses* ne peut vouloir dire que supprimer les dépenses, comme dans *couper les vivres, couper l'eau.*

air, temps **cru** (A.A.)	**raw** weather	froid, âpre

Nota: Le *Glossaire du parler français au Canada* (Bibl. 16) donne ce sens comme appartenant au vieux français et aux dialectes de l'Anjou, de la Bretagne, du Hainaut, de la Lorraine, du Namur et de la Savoie.

La Distillerie Butler Ltée,		
Depuis 1880	**Since** 1880	**Fondée** en 1880

le choke est encore **dessus**;	is still **on**;	en action;
les lumières sont **dessus**	are **on**	allumées

les **dormants** sur lesquels re-   sleeper   traverse
posent les rails
Nota: « *Le dormant d'un châssis, d'une porte, d'une fenêtre*: la partie fixe
    de la menuiserie dans laquelle vient s'emboîter la partie mobile du
    châssis, de la porte. *Mar.* (1678) Partie fixe d'un cordage. Point fixe
    où le cordage est attaché. » Seuls sens donnés par le Petit Robert.

émettre des permis   to **issue**   **délivrer**

tout changement d'état civil
doit être **enregistré** sur les   recorded   consigné, indiqué
nouvelles formules

mes fourrures passent tous   **warehouse,**   **garde-fourrure**;
les étés à l'**entrepôt**;   **storehouse**
je vais laisser mes meubles   **garde-meuble**
en **entrepôt** pendant mon
absence
Nota: Un entrepôt sert au dépôt de marchandises, d'objets de commerce
    seulement, et non pas aussi aux objets appartenant à des particuliers.
    Toutefois, le verbe *entreposer* peut signifier, par extension, « déposer,
    laisser en garde » (des biens d'un particulier); ex.: « *Entreposer des
    meubles chez un ami* » (cf. le Petit Robert).

il y a un **feu** sur la rue **X**   a **fire**   un **incendie**

l'incendie est dû au **filage**   wiring   **canalisations électriques**
défectueux

réparer la **filerie** d'une usine,   wiring   **installation électrique**
d'une maison
Nota: *filerie* est synonyme de *câblage* et désigne « l'ensemble des conducteurs
    isolés de petites sections d'un équipement électrique » (Commission
    électrotechnique internationale, selon Bibl. 18). Le terme ne saurait
    donc s'appliquer à l'ensemble des canalisations électriques d'un bâti-
    ment.

gérant de la production;   **manager**   **chef**;
de banque, du personnel;   **directeur**;
des Sinners, des Jérolas   **imprésario**

de grands capitaux sont **impliqués** dans cette entreprise;	**involved**	**engagés;**
toutes les personnes **impliquées** dans la fête;		**mêlées** à;
les personnes **impliquées** dans ces catégories		**comprises**

Nota: *impliquer* veut dire: 1° engager dans une affaire fâcheuse; mettre en cause dans une accusation; 2° comporter de façon implicite, entraîner comme conséquence *(mot qui implique telle idée; la lutte et la révolte impliquent toujours une certaine quantité d'expérience)*.

lever un grief	to **raise** a grievance	**exprimer, soulever**

livret d'allumettes	**book** of matches	**pochette *, carnet ****

* Voir le Petit Robert à ce mot.
** Cf. Bibl. 7.

lumière verte, rouge (de signalisation routière);	green, red **light;**	**feu;**
les **lumières** d'en arrière (d'une automobile)	rear **lights**	**feux** arrière

Nota: On ne peut parler de lumière lorsque le but de l'objet désigné n'est pas l'éclairage mais la signalisation.

procédé contraire aux **meilleurs** intérêts de notre compagnie	to the **best** interests of our company	aux intérêts **fondamentaux, primordiaux**

il a reçu des gros **montants** pour son accident	**amount**	**somme**

Nota: *montant* = « chiffre auquel monte, s'élève un compte. *Le montant des frais.* » (Le Petit Robert)

le rapport annuel **montre** un profit	the annual report **shows** a profit	**indique, révèle**

nettoyeur mousseux	**cleaner**	**détergent, détersif; nettoyant**

orateur de la Chambre des communes	**speaker**	président
ouverture pour une marchandise; pour un comptable, pour une sténographe	**opening**	débouché; place, emploi vacant, vacance
partir à son compte	to **start**	s'établir, se lancer
tout le **plancher** est consacré à..., 1er, 2e, 3e **plancher**	**floor**	étage
à l'usine, il faut **poinçonner** à 8 h	to **punch**	pointer
les engagements **précédents**	**foregoing**	précités
prendre des démarches; une taquinerie, un conseil	to **take** steps; to **take** a joke, an advice	faire; accepter
les Américains **réclament** la chute d'un Mig	**claim** the shooting of a Mig	s'attribuent la chute d'un Mig, prétendent, affirment avoir abattu un Mig
remplir une prescription, un ordre	to **fill** a prescription, an order	exécuter une ordonnance, une commande
rencontrer ses engagements; un billet, un effet de commerce; des dépenses, une obligation; des exigences, un besoin; des besoins, des frais; une date limite, une échéance; l'approbation de; l'opposition de; les prévisions de; les conditions de qn	to **meet**	faire honneur à; payer, accueillir; faire face à; répondre à, satisfaire à; subvenir à; respecter, observer; recevoir; se heurter à; confirmer, concorder avec; acquiescer à, souscrire à
retirer sa paye	to **draw**	toucher

X était à la **roue**, j'pouvais plus contrôler ma **roue**	(steering-)**wheel**	**volant**
sortir: une photo, un exemplaire qui « a mal sorti »	to **come** out: "didn't come out well"	**venir**, **être imprimé**: qui est mal réussi, qui a été mal imprimé
suivant la réunion des actionnaires, le président...	**following** the shareholders' meeting	**à la suite de**, après la réunion
dans **tel** cas, **telles** circonstances	in **such** event, **such** circumstances	**ce** cas, **ces** circonstances
tenir les prix	to **keep** prices up	**maintenir**
traverse de chemin de fer, de piétons	railway, pedestrian **crossing**	**passage** à niveau, pour piétons
y a une **tuile** à remplacer sur le plancher de la cuisine	**tile**	**carreau**

Nota: Une tuile, c'est une plaque de terre cuite ou d'autre matière qui sert à couvrir les toitures.

une auto qui a une grande **valise**	**trunk**	**coffre (à bagages)**
venir (« ça vient en boîtes », « ça vient sous forme de barres »)	to **come** ("it comes in boxes")	**se vendre, être présenté, être offert**
venir rapidement	to **come** (off)	**aboutir, éjaculer, avoir son orgasme**
voûte d'une banque, d'une maison d'affaires; au cimetière; pour conserver les fourrures pendant l'été	**vault**	**chambre forte**: caveau; garde-fourrure

5.2. SENS PLUS PRÉCIS

Dans nos dénominations de catégories, le mot *sens* désigne toujours le sens **que l'on donne au mot** à mauvais escient sous l'influence de l'anglais. En somme, nous comparons ce sens avec le véritable sens français du mot.

Dans la présente catégorie, donc, on emploie le mot français dans un sens plus précis, ou plus particulier, qu'il n'a en français. Autrement dit, ce mot est employé à la place d'un mot plus précis, moins générique.

5.2.1 DE FORME

avez-vous du **change**? (A.A.) — **change** — **monnaie**

chiffre: famille de **3** recherche un appartement: une foule de **45 000** assiste au défilé — **family of 3; 45 000 attend** — famille *d*e **3 personnes**; foule de **45 000 personnes**

voiture **convertible** * — **convertible** — **décapotable**
* Convertible en quoi?... Imprécision!

pilules contre l'**irrégularité** — **irregularity** — **constipation**

pointes (d'une auto, d'un tracteur) — **points** — **grains de contact, vis platinées**

j'aimerais exercer une **profession**, c'est un **professionnel** — **profession, -al** — **profession libérale, homme de profession libérale**

réflecteur (de bicyclette, de camion) — **reflector** — **cataphote, catadioptre**

le président doit **résigner** — to **resign** — **résigner ses fonctions**

il souffre d'une **rupture** (A.A.) depuis un mois — **rupture** — **hernie**

il faut mettre le lait dans le **séparateur** pour obtenir la crème et le « petit lait » — (cream-)**separator** — **écrémeuse**

spécifications (de travaux à forfait) — **specifications** — **devis; cahier des charges**
Nota: *devis* ajoute à *cahier des charges* l'estimation du prix des matériaux.

5.2.2   DE SENS

bâton (de hockey) — **stick** — **crosse**

boîte — **box** — **caisse** (de déménagement), **carton** (à chapeaux), **coffre** (à outils)

le bébé veut sa **bouteille** — his **bottle** — son **biberon**

dans ce pays, **cette** province — in **this** country — **notre**

cire à skis, **cirer** ses skis, **cirage** des skis — to **wax** one's skis, ski **wax**, **waxing** — **fart**, **farter**, **fartage**

cloche — **bell** — **sonnette** (d'une demeure individuelle), **timbre** (pour rappeler les élèves de récréation, dans un collège)

Défense de **déposer** — No **dumping** — Défense de **déposer des rebuts** sur ce terrain, **Décharge** interdite

cette semaine sera la semaine du festival au parc X.   Les **événements** débuteront par un concours... — the **events** — les **épreuves**

je sors avec ma **fille** ce soir — I'm going out with my **girl** — mon **amie**

les **mots** d'une chanson — **words** of a song — **paroles**

ouvrir — to **open** — **commencer** (son discours), **engager** (la conversation), **entamer** (les négociations)

part (dans une compagnie à fonds social) — **share** — **action, titre, valeur**

mandat de **recherches, recherches** à domicile — **search** warrant, house-**search** — **perquisition**

siège — **seat** — **banquette** (d'autobus, de train), **fauteuil** (de théâtre), **gradin** (d'amphithéâtre), **selle** (de bicyclette)

notre grande **vente** d'été — **sale** — **vente au rabais, vente de soldes, solde**

5.3 SENS PLUS GÉNÉRAL, DE FORME

Cette catégorie est l'inverse de la précédente.

qu'est-ce que vous allez prendre comme breuvage? (A.A.) — **beverage** — **boisson**
Nota: Le Petit Robert définit ainsi le mot *breuvage*: « Boisson d'une composition spéciale ou d'une vertu particulière. » De fait, *breuvage* ne désigne
plus qu'un liquide fortifiant ou curatif donné à boire aux animaux, ou
une tisane ou autre boisson médicamenteuse préparée pour un malade.
Se rappeler, toutefois, que *breuvage* a déjà eu le sens général de boisson.
Cf. ces vers de Lafontaine:
    Qui te rend si hardi de troubler mon breuvage?
    Dit cet animal plein de rage.

drastique (moyens, mesures) — **drastic** — **énergique**, **vigoureux**, **radical**, **dra-
conien**

la Cie X a renvoyé tous ses employés — its **employees** — son **personnel**, ses
salariés
Nota: *employé* s'oppose à *ouvrier* et désigne un salarié qui fait un travail d'ordre plutôt intellectuel que manuel *(employé d'un ministère, d'une administration, de banque, etc.).*

escompte — **discount** — **remise** (de x% pour l'achat en grosse quantité), **rabais**,
réduction (de solde, sur produits défraîchis, etc.)
Nota: *escompte* ne désigne pas n'importe quelle sorte de réduction, mais uniquement la réduction du montant d'une dette à terme lorsque celle-ci
est payée avant l'échéance.

les étudiants des trois niveaux: primaire, secondaire et universitaire — **students**
— **élèves**
Nota: Le mot *étudiant* s'applique uniquement à un élève d'une université ou
d'une école supérieure.

les liqueurs de la Commission — **liquor** — **boisson**

elle est pas mature, un tempérament mature — **mature** — **mûr**, **adulte**
Nota: *mature* se dit uniquement du poisson prêt à frayer.

faire **touer** son auto — to have one's car **towed** — **remorquer; enlever** (pour contravention)
Nota: *touage* désigne le remorquage de bateaux seulement.

5.4. SENS NON APPLIQUÉ

Le sens dans lequel les mots de cette catégorie sont employés est conforme à la définition qu'en donnent les dictionnaires, il concorde avec le sens général français du mot. Mais l'usage a voulu, pour le sens particulier dans lequel le mot est employé dans les cas que nous citons, employer un autre mot. Donc, les mots de la présente catégorie, sous l'influence de l'anglais, sont employés dans un sens conforme à la définition générale des dictionnaires, mais l'usage n'« applique » pas, ne se sert pas de ce sens théoriquement possible du mot.

5.4.1 DE FORME

absorbant (coton, ouate) — **absorbent** — **hydrophile**

prix d'**admission** — **admission** — **entrée**

il se tenait à l'**attention** — at **attention** — au **garde-à-vous**

la Cie, par son représentant **autorisé** — its **authorized** representative — son représentant **attitré**

certificat de baptême, de naissance — **certificate** of baptism, birth-**certificate** — **extrait** de baptême, de naissance, **acte** de naissance

chèque **certifié** — **certified** cheque — **visé**

copie **certifiée** — **certified** copy — **authentique**

pour la **clôture** des livres — when books are being **closed** — **fermeture**

le marchand d'en face lui fait de la **compétition** — **competition** — **concurrence**
Nota: *compétition* a un sens plus général que celui seul de rivalité sportive
     puisqu'on en trouve les définitions suivantes dans les dictionnaires:
     « recherche simultanée par deux ou plusieurs personnes d'un même avan-
     tage, d'un même résultat » (Robert); « rivalité, revendication du même
     objet » (Larousse).

conduire une enquête auprès des parents des élèves — to **conduct** an inquiry — **mener, faire**

connexion (de voies ferrées) — **connection** — **raccordement**

créer une impression — **create** an impression — **produire, faire**
Nota: *créer* a le sens général de produire, susciter. Cf.: « la civilisation crée de nouveaux besoins » *(Dictionnaire usuel Quillet-Flammarion)*; « l'ordre de choses que la Révolution a créé en France » (Bibl. 3).

danger (signal routier) — **danger** — **attention**

les **démonstrations** de l'assistance — **demonstrations** — **manifestations**

description d'un criminel — **description** — **signalement**

Détour (indication routière) — **Detour** — **Déviation**

la grosse **industrie** qui vient de s'établir dans notre ville — **industry** — **établissement industriel, entreprise industrielle**
Nota: Ce serait une métonymie toute normale qu'*industrie* désignât un établissement industriel.

il y a une **intermission** de dix minutes — **intermission** — **entracte**

jonction de deux routes — **junction** — **embranchement**

je vais passer le test de conduite pour obtenir ma **licence** — **licence** — **permis (de conduire)**
Nota: *licence* = « ... Autorisation d'exercer certaines activités économiques soumises au contrôle des contributions indirectes... Licence d'ouverture, d'exploitation d'un débit de boissons: licence de vente restreinte, licence de plein exercice. Par anal. Toute autorisation administrative permettant, pour une durée déterminée, d'exercer un commerce ou une activité réglementée. Licence d'importation, ... de transport, ... de pêche » (Paul Robert, *Dictionnaire alphabétique et analogique de la langue française*).

liste des vins — **wine list** — **carte**

Paragraphe (indication d'aller à la ligne, dans la dictée de lettres) — **Paragraph** — **A la ligne**

Payé (écrit sur les factures) — **Paid** — **Pour acquit**

selon la loi, cette créance est **recouvrable** — **recoverable** — **exigible**

transfert à une autre section — **transfer** — **mutation**
Nota: *transfert* = action de faire passer d'un lieu (ici une division administrative) à un autre. (Les dictionnaires)

5.4.2 DE SENS

Cédez (signalisation routière) — **Yield** — **Priorité à gauche, à droite**

émettre un décret — **issue** an order — **prendre, rendre**

route **fermée** — **closed** — **barrée**

crayon au **plomb**, écrivez au **plomb** — **lead** — **mine**

voitures, meubles **usagés** — **used** — **d'occasion**

5.5. SENS IMAGÉ

Dans cette catégorie, le sens dans lequel les mots français sont employés sous l'influence de l'anglais ne s'écarte pas du sens français, nous dirions plutôt qu'il « s'y superpose », car il constitue une espèce de sens figuré, il forme une figure de style, une image. En calquant l'anglais, c'est donc un sens « imagé » que l'on donne au mot français.

5.5.1 DE FORME

approcher qn — to **approach** s.o. — **en parler à, en faire la proposition à;** **pressentir**

bébé — **baby** — **jeune fille au physique charmant** (« un beau bébé »: un beau brin de fille)

deux opinions **irréconciliables** — **irreconciliable** — **inconciliables**

votre, son **papier** — **paper** — **journal, feuille, canard**
Nota: Se dit surtout avec une nuance d'ironie ou de mépris.

à force de le **pomper** (A.A.), on est venus à bout de savoir ce qui en était — to **pump** s.o. — **tirer les vers du nez à**

5.5.2 DE SENS

un petit **frais** — **fresh** — **prétentieux**
Nota: On qualifie sans doute la personne de « fraîche » en voulant dire qu'elle ne se mêle pas aux autres, qu'elle se croit d'une supériorité qui fait nouveau, qui n'est pas altérée par les habitudes médiocres répandues chez les autres membres de la communauté.

frapper — to **hit** — **buter sur** (un feu rouge), **tomber sur** (un imbécile comme guide, comme informateur), **bénéficier de** (une aubaine)

Une bonne **main** pour Untel — A good **hand** to Johnny — Un bon **applaudissement** pour

j'ai un **poisson** pour payer mes sorties — **fish** — **gogo, poire**
Nota: Comparaison avec le poisson qui mord à l'hameçon, croyant y trouver son profit.

le moteur **travaille** bien — **works** — **fonctionne**

valoir un million, cinq millions — to **be worth** one million — **posséder**

les demi-mesures qu'il cherche à nous **vendre** — to **sell** policies, ideas — **faire accepter; faire avaler**

5.6. SENS ABSTRAIT

Il s'agit ici de termes qui ne s'emploient que dans un sens concret en français, mais auxquels, au Québec, on donne un sens abstrait sous l'influence de l'anglais. L'anglicisme consiste donc à employer un terme concret à la place du terme abstrait qui a cours dans l'usage français.

On remarquera qu'il est assez général que l'anglicisme consiste en une « concrétisation » du vocabulaire, et que plusieurs des emplois que nous avons classés dans la catégorie « sens étendu » constituaient en fait des termes plus concrets que les termes français qui auraient dû être employés à la place. Mais nous n'avons fait entrer dans la présente catégorie que les emplois qui présentent seulement cette caractéristique d'abstraction (ou de « superposition », comme nous disions tantôt), et non en même temps celle d'écart, de « sortie » de l'aire sémantique du mot français.

5.6.1 DE FORME

approcher un problème sous un mauvais angle — to **approach** a problem — **aborder**

blanc de mémoire — **blank** — **trou, absence**

termes faciles; quels sont vos **termes**? — **terms** — **conditions de paiement**
Nota: Le terme n'est pas la condition mais l'espace de temps dont on dispose pour payer et, donc, ce qui crée la condition. La condition est ce qui s'abstrait du terme, lequel en est la face « matérielle », concrète.

5.6.2 DE SENS

dévoilement d'un monument — **unveiling** — **inauguration**

mettre, être dans le **trou,** sortir qn du **trou** — to be in a **hole,** to get s.o. out of a **hole** — **embarras; dèche** (au point de vue financier)

5.7 SENS CONCRÉTISÉ, DE FORME

Pour bien comprendre la nature de cette catégorie, on n'a qu'à la considérer comme l'inverse de la précédente.

catholiques, anglicans, presbytériens et membres des autres **dénominations** — **denomination** — religion, église

ils sont venus habiter dans le **développement** — **development** — **nouveau quartier** (?), **ensemble résidentiel** (cf. *Les institutions sociales de la France*, éd. La documentation française, p. 110); **lotissement**

faire des **gratuités** à ses enfants — **gratuity** — don

Rougeaud tend la main à son **opposant**, avant le début du match — **opponent** — **adversaire**
Nota: Le terme *opposant* comporte en français une nuance intellectuelle. On est l'opposant d'une doctrine, d'une décision, d'un programme.

c'est un **retour**, on a beaucoup de **retours** — **return** — **article rendu** (objet qcq non vendu); **invendus, bouillon** (journaux non vendus)

5.8. SENS DIMINUÉ

Comme on le verra, l'anglicisme consiste ici à employer un mot dans un sens qui le dévalorise, qui lui enlève de sa force. La catégorie qui suivra sera l'inverse de celle-ci.

5.8.1 DE FORME

la Commission est **assujettie** à la taxe de vente provinciale — **the Commission is subject to** — est **soumise** à

convention de l'Union nationale dans le comté de Dorchester — **convention** - congrès; réunion
Nota: *convention* se dit d'une assemblée exceptionnelle des représentants d'un peuple, ayant pour objet d'établir une constitution ou de la modifier; le mot peut se dire aussi du congrès plénier d'un grand parti politique américain, pour distinguer la chose d'avec le Congrès constituant le parlement des U.S.A.; mais, dans un contexte canadien, c'est un mot trop fort pour désigner un simple congrès ou une réunion politique. — Voir l'article *convention de nomination*.

excessivement utile — **exceedingly** useful — **extrêmement**

son adjoint fait surtout le travail de **routine** — **routine** work — travail **courant,
journalier**

le congrès doit comporter quatre **sessions** — **session** — **séance**
Nota: Une séance est la période ininterrompue pendant laquelle on siège
(séance du matin, de l'après-midi). Une session (voir *terme)* comporte
habituellement plusieurs séances.

vous avez pas **usé** votre serviette?, **user** la violence, **usez** les pages jaunes —
you didn't **use** your towel?, to **use** violence, **use** the yellow pages — **se servir de,
utiliser** sa serviette, **user de** violence, **employer** la violence, **recourir aux** pages
jaunes

5.8.2 DE SENS

Est-ce que je peux vous **aider?** (mot d'accueil des vendeuses dans les magasins
de libre service) — Can I **help** you? — vous **être utile**
Nota: On *aide* quelqu'un qui se trouve dans un mauvais pas ou qui a une tâche
à exécuter.

Quelle **saveur?** (de pouding, de crème glacée) — Which **flavour?** — Quelle
essence?, Quel **parfum** voulez-vous?

5.9 SENS AUGMENTÉ, DE FORME

un présent très **acceptable** — a very **acceptable** gift — **agréable**

les travaux seront **complétés** en moins de deux ans — will be **completed**
seront **exécutés**
Nota: *compléter* signifie: ajouter à qch. ce qui manque afin de le rendre complet. Dans le présent cas, il ne s'agit pas que de terminer, mais d'exécuter en entier les travaux; en employant *compléter* (on ne complète que
ce qui était resté incomplet), on exprime donc une moins grande part
d'« exécution » des travaux, ou encore, on fait dire au mot plus qu'il n'en
dit en vrai français.

c'est à nos **politiciens** de régler le problème du chômage — **politicians** — hommes politiques, gouvernants
Nota: *politicien* = « Personne qui fait de la politique. »
      homme politique = « Qui s'occupe des affaires de l'État. »
      Cf. Larousse.

5.10 SENS ANTONYMIQUE, DE FORME

Comme on le verra par les quelques exemples qui suivent, le calque de l'anglais peut faire rendre aux sujets parlants une nuance contraire à celle qu'ils veulent exprimer.

le plan aurait besoin de certaines **altérations**; Fermé pour **altérations**; **Altérations** faites pendant que vous attendez — the plan would require some **alterations**; Closed for **alterations**; **Alterations** while you wait — **modifications**, **changements** (à un plan, à un projet, etc.); **transformations, rénovations, réfection** (à, d'une pièce, d'un magasin); **retouches** (à un vêtement)

il est le chef **virtuel** — the **virtual** head — le **vrai** chef

5.11 SENS ACTIVÉ, DE FORME

On donne ici une valeur active aux termes, alors qu'en réalité, ils marquent un état ou s'appliquent à l'être passif, à celui qui reçoit l'action plutôt qu'il ne l'exerce.
La catégorie suivante sera l'inverse de celle-ci.

un ouvrier très **particulier** — **particular** — **minutieux**

être **préjugé** contre qch. — to be **prejudiced** — **prévenu**
Nota: La cause soumise sera **préjugée**, c.-à-d. jugée prématurément, par la personne **prévenue**; soit, ici, qu'on donne un rôle passif à la personne qui doit juger ou une valeur active au mot.

notre compagnie donne toutes les **sécurités** — **securities** — **garanties**
Nota: *sécurité* désigne l'état que peut procurer une *garantie*.

les commissaires sont tous **sympathique**s à la culture française (A.A.) — **sym-
pathetic** — **favorable** à, **bien disposé, bienveillant, sympathisant** envers
Nota: C'est la culture française qui est sympathique aux membres de la com-
    mission: l'être sympathique est celui qui reçoit et non qui éprouve la
    sympathie; nous aurions pu aussi bien qualifier ce sens — comme pour
    quelques-uns des autres cas, d'ailleurs — de « subjectivé », car on fait
    l'objet de la sympathie les gens, l'être qui en est en fait le « sujet »; on
    donne donc à l'adjectif *sympathique* un sens « subjectivé ».

5.12   SENS PASSIVÉ, DE SENS

goûter bon, mauvais (« Qu'est-ce que ça goûte? ») — to **taste** good, bad — **avoir**
bon, mauvais **goût**

montrer: ça **montre** bien, mal — it **shows** well, bad — ça **paraît** bien, mal

regarder: il **regarde** mieux; ça **regarde** bien, mal — he **looks** better; it **looks**
well, bad — il **semble** mieux, il **a** meilleur **air**; ça **fait** bon, mauvais **effet**;
les choses **s'annoncent** bien, mal

il est bon **vendeur**, c'est notre meilleur **vendeur** (a.s.d. un article de commerce)
— good, best **seller** — très, le plus **demandé, qui se vend** bien, le mieux

5.13   SENS TRANSITIVÉ, DE SENS

    Ici, l'anglicisme équivaut à donner un sens transitif à des verbes expri-
mant une action strictement intransitive en français.   Cette catégorie aussi a
son contraire dans la catégorie qui la suit.

courir tel cheval — to **run** a horse — **faire courir**

partir — to **start** — **lancer, donner le branle à** (une entreprise), **fonder** (un
commerce, une compagnie), **ouvrir** (un magasin, une épicerie), **mettre en train**
(une affaire), **mettre en marche, faire partir** (une automobile, une horloge, une
machine, un moteur), **engager** (une discussion), **lancer** (une rumeur, un canard),
lancer (un moteur, qn dans une carrière)
Nota: Dans ces cas, *partir* est employé ni plus ni moins que dans le sens de
    faire partir.

péter un ballon — to **pop** a balloon — **faire péter, crever**

5.14 SENS INTRANSITIVÉ, DE FORME

Jean **a gradué** cette année — **has graduated** — **a été gradué** *, a obtenu son grade,¹ son diplôme
* Seul le *Quillet,* parmi les dictionnaires les plus connus, donne au verbe *graduer* le sens de conférer un grade.

5.15. SENS INVERSÉ

5.15.1 DE FORME

assigner: j'ai été assigné à cette tâche — I have been assigned to this task — cette tâche m'a été assignée, j'ai été affecté à cette tâche

augurer: la saison augure bien, mal — the season augurs well, ill — on augure bien, mal de la saison, la saison s'annonce bien, mal; « ça n'augure rien de bon »: ça ne présage rien de bon, ça n'annonce rien de bon; « ça augure bien, mal »: c'est de bon, de mauvais augure

familier: je suis familier avec ce procédé — I am familiar with this method — ce procédé m'est familier, je connais bien ce procédé; je suis familiarisé avec ce procédé
Nota: Il y a aussi l'expression — française — *familier de (être familier d'une maison, d'un club, d'un sujet, d'une question).*

5.15.2 DE SENS

manquer: je vous ai manqué — I missed you — vous m'avez manqué, je me suis senti de votre absence, j'ai regretté votre absence

5.16. DE STYLE

L'on remarque en effet des anglicismes qui pêchent contre le style plutôt que contre la langue même, c'est-à-dire qui ne contrarient pas la sémantique ni le lexique français, mais qui ne cadrent pas avec le contexte, ou constituent des formules non conformes au génie du français bien que licites lexicalement, grammaticalement et au point de vue de la construction. Qu'il soit sous-entendu que tous les anglicismes qui ne sont pas « de style » sont « de désignation » ou « de langue ».

On aura pressenti que la catégorie des anglicismes de style pourra se retrouver dans les classes suivantes.

Ici, il n'y a pas lieu de subdiviser la catégorie selon les distinctions précédentes: sens étendu, sens plus précis, etc., car elle n'a pas trait au **sens** des mots mais à ce qu'on pourrait appeler leur « valeur contextuelle ». On pourrait d'ailleurs aussi bien intituler cette catégorie: « anglicismes de contexte ».

5.16.1 DE FORME

son tour de chant fut très **apprécié** — greatly **appreciated** — très **goûté**

une personnalité bien **balancée** — a well-**balanced** personality — bien **équilibrée**

la cuisson est si rapide que la cuisine ne s'en trouvera pas **perceptiblement** réchauffée — **perceptibly** — **sensiblement**

présenter un cadeau — to **present** a gift — **offrir**

au cours des **récentes** années — during the **recent** years — **dernières**

la date exacte et l'heure précise fixées pour la **réception** des soumissions — the **receipt** of tenders — l'**accueil** des soumissions

la meilleure **valeur** pour 39 cents — the best **value** for 39 cents — la meilleure **qualité**

5.16.2 DE SENS

cette nouvelle boîte bleue vous **apporte** les meilleurs segments de piston qui soient — this new blue box **brings** you the finest piston rings made — vous **offre**

billet **bon** pour deux personnes — **good** for two persons — **valable**

la partie canadienne de **cette** soumission — the Canadian content of **this** tender — de **la présente** soumission

ruban réfléchissant **disponible** dans les couleurs suivantes: rouge, bleu...; **disponible** dans tous les magasins — **available** — **offert; en vente**

faire une règle à l'effet que — to **make** a rule — **établir**

faire un billet à qn, une lettre de change — to **make** a promissory note, a bill of exchange — **souscrire** (vieux), **signer**

il **fait** $50 par semaine — he **makes** $50 a week — il **gagne**, il **se fait**

l'excellent travail **fait** par la Commission — the excellent work **done** by — **accompli**

imprimer dix mille exemplaires — to **print** ten thousand copies — **tirer à**

6. 6ᵉ CLASSE: ANGLICISMES LEXICAUX

Cette classe consiste en des emprunts de mots ou lexèmes anglais. On peut distinguer cinq genres d'emprunts:

6.1. EMPRUNTS INTACTS

Ceux-ci sont les termes anglais adoptés tels quels, sans traduction ni modification phonétique.

Convenons cependant qu'il s'agit, plus exactement, d'emprunts *relativement intacts* et entendons par *modification* un changement important, car presque tous les emprunts de la présente catégorie subissent une certaine adaptation, qui est de l'ordre de l'allophonie plutôt que de la phonématique. Ces adaptations — telles les phénomènes de « dérétroflexion » (e.g. passage du *r* anglais au *r* français ou franco-canadien), de « dévélarisation » (passage du *l* vélaire anglais au *l* dental français), d'arrondissement labial (passage du *o* ouvert de l'anglais *flush* à celui du français *roche)*, d'ouverture (passage du *i* intermédiaire au *é*, du *a* palatal anglais plus fermé au *a* palatal français plus ouvert), de fermeture (passage du *i* intermédiaire au *i* cardinal), de « dédiphtongaison » finale (comme dans « sleigh » prononcé *slé* et « blow » prononcé *blo,* sans double son final), de non-aspiration des consonnes que l'anglais aspire, d'explosion des consonnes qui sont en anglais implosives, d'assibilation des *t* et des *d*, de raccourcissement de voyelle, de déplacement des accents « toniques » — ces adaptations, donc, ne sont pas comparables aux véritables transformations que l'on constatera chez une autre catégorie. Il fallait donc les en distinguer.

Cependant, la ligne de démarcation entre « adaptation » et « transformation » a parfois été difficile à établir. Nous nous sommes efforcé de l'établir le moins arbitrairement possible, et nous croyons y avoir réussi en la fixant à la frontière des phénomènes précis que nous venons de mentionner, excluant ainsi ceux qui en sont même très voisins en importance.

Comme lesdites adaptations touchent presque tous les mots, nous n'avons pas cru nécessaire de faire une catégorie spéciale pour les quelques cas qui ne subissent absolument aucune adaptation phonétique, d'autant que si on les étudiait avec des instruments d'expérimentation précis, on découvrirait probablement chez eux une certaine francisation sur le plan de l'intonation.

On ne s'étonnera pas de ce que le sens de certains mots ait dévié en passant de l'anglais au franco-canadien. Ainsi le mot *blood* est passé du sens anglais de *de haute lignée* à celui de *généreux* en parler québécois. L'équivalent français que nous donnons n'est donc pas nécessairement la traduction du mot anglais, mais le sens dans lequel il est employé au Québec.

Nous avons cru intéressant d'indiquer quel genre on attribue à l'emprunt, dans l'usage québécois (celui avec lequel nous avons pris contact, du moins). Ici comme pour les catégories suivantes, nous mettrons l'indication *f.* lorsque le genre sera féminin.

6.1.1 LINGUISTIQUES

attaboy — bravo

bachelor — garçonnière, studio

background — antécédents, passé (d'un individu); fond sonore, musique d'atmosphère, musique de fond

backlog — travail accumulé, réserve, arriéré

badge, f. — insigne (d'un pilote), plaque (d'un agent de police)

bale, f. (de foin) — barge

barbecue; BAR-B-Q — poulet à la broche, poulet rôti; rôtisserie (a.s.d. l'établissement)

bargain — marché; aubaine; marché avantageux, achat bon marché, occasion

barley (soupe au) — orge

batch, f. — fournée, paquet, lot

beach, f. — plage

beam, f. — solive

bee — rassemblement (pour travaux en commun)

bellboy — chasseur

best — la meilleure chose, l'idéal (« c'est le best »: c'est le mieux que nous ayons à faire, c'est l'idéal); ami « particulier »

bill — (au magasin) facture; (à l'hôtel) note; (au restaurant, au café) addition

bill — billet de banque (« j'ai rien que des gros bills »)

bill — (avant l'adoption) projet de loi (du gouvernement), proposition de loi (d'un député); (après l'adoption) loi

blood — généreux, chic

bloomers — culotte bouffante

blow-out — éclatement (de pneu)

board — tableau (d'affichage)

bock (de bière) — chope

body (d'une automobile) — carrosserie

boss — patron, chef; contremaître

botch, f. — bousillage, mauvaise besogne

bouncer — fier-à-bras

brake — frein

break, break-off — répit, pause

breakdown (d'un compte; de dépenses) — détail; répartition, ventilation

bright — brillant, à l'intelligence alerte

buck — mâle (de l'orignal, du cerf)

bum — voyou

bumper — pare-chocs

bunch — **botte** (de radis, d'oignons), **liasse** (de billets de banque)

buns, f. — **brioche**
Nota: On a emprunté le pluriel, ici, au lieu du singulier, et c'est en général cette forme plurielle qui sert pour le singulier et le pluriel en franco-canadien; on dit: une buns. Il est intéressant de constater que nos gens assimilent, au point de vue morphologique, l'anglais au français, qui ne fait habituellement pas de distinction phonétique entre la forme singulière et la forme plurielle.

bus — **autobus**

bushel — **boisseau**

butterscotch — **caramel au beurre**

bye — **au revoir**

cabooze, f. — **camion-cuisine** (?) (pour ouvriers de la construction routière ou de l'aménagement des parcs)

call — **appel, demande** (« on a eu rien que deux call pour de la livraison aujourd'hui; le garage a quatre call sur sa liste avant le nôtre »)

carton (prononcé à tort comme *cartoon*) — **cartouche** (de paquets de cigarettes); **panier** (de bouteilles de boisson gazeuse)

cartoon — **dessin(s) animé(s)**

cash — **comptant** (n., adj. et adv.)

cash — **caisse** (« y a autour de cent piastres dans le cash »)

catch — **verrou automatique**

charcoal (couleur) — **gris foncé, charbon de bois** (?)

cheap — **bon marché, pas cher, commun, de qualité inférieure; mesquin** (a.s.d. une personne)

check — **bulletin** (de bagages); **marque** (de vérification)

check-up — **examen général, examen de santé, examen médical complet; inspection, vérification** (d'une voiture)

chesterfield — canapé (capitonné)

Chinatown — quartier chinois

choke — starter, volet d'air *
* D'après les guides d'utilisation et d'entretien de la société Renault.

chop, f. — côtelette

chum — copain; ami (d'une jeune fille)

clam — lucine

clip, f. — attache-appiers, attache, agrafe; trombone

clutch, f. — embrayage

coach — entraîneur (personne chargée de l'entraînement d'une équipe); **pilote** (celui qui organise la stratégie de l'équipe à l'occasion des matches)

coat — blouson; veston, veste

coconut — (noix de) coco râpé

cook — cuisinier

cottage — fromage de maison, * **fromage de caillé** **
* Cf. le petit Larousse bilingue.
** Cf. *L'actualité terminologique,* vol. 3, nᵒ 2.

crate — cageot, caisse (à légumes); **boîte, panier** (plat, contenant un seul étage de caissettes de petits fruits: fraises, framboises)

cuff — revers (de pantalon)

curve, f. — courbe

cute — coquet, mignon

dash — tableau de bord

date, f. — rendez-vous

deadline — date limite, échéance

defroster — dégivreur

desk (d'un hôtel) — réception

dolly — chariot

doorman (d'une boîte de nuit) — portier

dope, f. — stupéfiant, narcotique, drogue, schnouff (ou) chnouf (arg.)

draft, f. — courant d'air; rafale

draft, f. — bière à la pression, bière pression, pression

draft — projet (de contrat, de mémoire); brouillon, premier jet (d'un rapport, d'un texte publicitaire, d'une traduction)

drink — boisson; consommation (« le billet d'entrée donne droit à deux drinks »), verre (« quand il a deux ou trois drinks dans le corps, il est dans le vent »)

drive-in — cinéma en plein air

drum — tambour, caisse; bidon; baril; tonneau (en fer)

drummer (dans un orchestre) — tambour

dry — « sec », où il n'y a pas de boisson alcoolique (soirée, région)

dull — monotone, ennuyeux

exhaust (tuyau d') — échappement (tuyau d')

fake — trucage; feinte, comédie

fan, f. — ventilateur

farmer (péj.) — paysan

feeling — sensation (« ça donne un drôle de feeling »); **enthousiasme, entrain** (« la boisson donne un feeling; j'ai perdu mon feeling »); **pressentiment** (qu'un tel ne viendra pas)

fight — **lutte verbale, prise de bec, discussion enflammée, engueulade** (e.g. entre membres de partis politiques adverses)

fighter — **lutteur vigoureux** (dans une querelle, une opposition d'intérêts); **discuteur, plaideur vigoureux**

filter (« fumer des filter ») — **filtre**

fine! — **bravo!; bon travail!; bien joué!**

fit, f.: « s'il lui prend une fit » (de démence) — **accès, crise**

flasher (d'automobile) — **clignoteur, clignotant, signal de direction**

flashlight, f. — **lampe de poche; torche électrique**

flask — **flacon**

flat — **crevaison** (de pneu); adj.: **à plat, crevé** (pneu), **éventé** (boisson)

flat — **mat** (« poser du flat »: appliquer de la peinture mate)

flush — **affleurant; à égalité, de niveau, à fleur, à ras de** (« il faut que c'te plaque-là arrive flush avec l'autre »)

flush — **généreux**

foolscap — **papier ministre**

footing (d'une construction) — **empattement**

frame — **charpente** (d'un bâtiment), **bâti** (d'un moteur), **châssis** (d'une automobile), **cadre** (d'une bicyclette)

freezer — **congélateur, chambre de congélation, frigo**

frock — **blouse, sarrau** (de paysan, d'ouvrier)

fuck! (juron marquant que l'on est déçu ou que l'on abandonne la partie) — **merde!; au diable!**

full — **rempli, comble** (« le sac est full; il est plein full »)

fun — **plaisir;** « c'est pour le fun »: c'est pour rire; « c'est le fun »: c'est amusant

furlough — **congé**

fuse, f. — **(coupe-circuit à) fusible, plomb**

gambler — **joueur; spéculateur; risque-tout; flambeur**

game, f. — **partie**

game, adj. — **tout à fait consentant, enthousiaste** (« je suis game »: j'en suis, je marche)

gears, f. — **dents, roue dentée, engrenage**

gipsy — **bohémien, romanichel**

go! (signal de départ dans une course) — **partez!**

goaler — **gardien (de but)**

gosh! — **sapristi!**

grader — **profileuse ***
* cf. Fiches du Comité d'étude des termes techniques français.

grill — **cabaret**

ground — **fil de terre, retour (à la masse), prise de terre, prise de masse**

gun — **revolver** (prononcer *révolvère*); **pistolet**

guts (avoir les) — avoir le **cran,** avoir assez d'**estomac** (pour faire qch.)

hello (au téléphone) — **allô**

helper — **aide**

hint — tuyau (« passer un hint à qn »)

hit — coup réussi; succès surprenant

hood (d'automobile) — capot

hose, f. — tuyau (d'arrosage)

hurray! — hourra!

hustings (sur les) — tribune(s) électorale(s)

intercom — interphone; téléphone intérieur

jack — cric

jacket — veston sport; blouson

job, f. — job, m. (fam.), emploi, situation (« il s'est enfin trouvé une job »); tâche, besogne (« c'est pas une petite job »); fonction, travail (« c'est ça qui est ma job, à moi »); travailler à la job: à la pièce, à la tâche, à forfait

joke, f. — plaisanterie, farce, blague, tour, canular

kick — coup de pied, ruade

kick — béguin

kid (gants de) — chevreau

kodak — appareil photographique, appareil-photo

ledger — grand livre; registre; livre de comptabilité

lift — occasion (?) * (fait de monter en voiture avec autrui gratuitement)
* Employé dans certaines régions rurales.

lighter — briquet

lime — limette, lime

loafers — souliers-pantoufles *; mocassins *
* Cf. Bibl. 18.

locker — **armoire extérieure** (à l'appartement), **armoire du sous-sol; case** (pour les bagages dans une gare)

low — **basse vitesse** (?) (« se mettre sur le low »)
Nota: La société Renault appelle cette vitesse « première » et Peugeot l'appelle « exceptionnelle ».

luck, f. — **chance, veine; coup de veine, heureux hasard**

lunch — **déjeuner froid, sandwiches, repas froid** (« le midi, il mange un lunch »); boîte à lunch: gamelle

luncheonette — **buffet**

make-up — **maquillage, fard**

manslaughter — **homicide non prémédité**

map, f. — **carte** (géographique); **plan** (d'une ville)

mean — **mesquin**

meter — **compteur**

mop, f. — **balai à laver; balai à franges**

muscle — **biceps**

napkin, f. — **serviette** (de table)

necking — **mamours, pelotage, papouilles**

net — (à poissons) **filet; épuisette**
(à cheveux) **filet à cheveux, résille**
(de tennis, de badminton) **filet**
(comme moustiquaire) **tulle**

nil — **rien, néant** (dans énumérations, relevés comptables)

off — **libre, de congé** (« journée off »)

open — **à la mode** (personne)

opener — ouvre-bouteille; ouvre-boîte

ouch! (interj. exprimant la douleur) — aïe!

overalls — salopette, bleus

overdraft (banque) — découvert

overhaul (d'une auto) — révision (cf. Bibl. 18)

overtime — période supplémentaire, heures supplémentaires, surtemps

pad — bourrelet, coussinet; tampon; bloc(-notes)

pan,f. (pour faire bouillir la sève d'érable) — au sing.: **section d'évaporateur,** au pl.: **évaporateur** *
* Comprend plusieurs compartiments, dont chacun est appelé « pan ». *Les pans sont nettes* = l'évaporateur est net.

parka — anorak

partner — partenaire (au jeu); danseur, -euse; associé (en affaires)

party — soirée, partie *
* Sens néologique que les dictionnaires ne donnent pas encore mais qu'on trouve employé dans certains films.

patch, f. — pastille (de chambre à air), pièce (de vêtement)

peanut, f. — cacahuète; « beurre de peanut »: beurre d'arachide

pep — entrain, fougue

pin, f. — goupille, cheville, chevillette; quille; verge (chez les hommes et les animaux)

pit — carrière (de pierre, de gravier); puits (d'une mine); galerie supérieure (d'un théâtre), paradis, poulailler (fam.)

plain — simple, ordinaire (pizza, omelette); nature (pain à sandwich); uni (tricot, chandail)

plaster — sparadrap

plate, f. — **plaque** (sur laquelle on place un objet à modeler, à redresser au marteau, etc.); **disque** (d'électrophone)

plug, f. — **fiche de connexion; prise de courant; cheval poussif, rosse; lambin, personne empotée**

plywood — **contre-plaqué**

pole, f. — **tringle, monture** (de rideaux); **perche; canne, bâton** (pour le ski)

poll — **bureau de scrutin**

pool — **billard à trous**

pool — **service dactylographique; mécanographie; secrétariat volant**

pot — **cagnotte, poule, pot** (prononcé *po*)

puck (syn. de *blow* dans l'américain populaire), f. — **coup** (« va pas là, tu vas attraper des pucks »); par ext.: **bleu** (sur le corps), **bosse** (sur le front), **marque** (sur un meuble, une surface qcq), **meurtrissure** (sur un fruit)

puck, m. ou f. — **disque, palet** (au hockey)

punch — **perforateur** (pour le papier, le cuir), **poinçon** (pour billets de chemin de fer, d'autobus), **étampe** (pour une plaque de métal)

puppy — **jeune chien, chiot**

pushing — **piston, pistonnage**

push-up (mouvement de gymnastique) — **flexion à l'horizontale** (?)

quiz — **jeu-questionnaire**

rack — **pièce à claire-voie; ridelle** (de fourragère, de charrette); **galerie** (sur le toit d'une automobile); **portemanteau** (supportant les manteaux, les costumes dans un magasin); **râtelier** (avec encoches pour suspendre des objets longs en un plan vertical, ou avec trous pour ranger de petits objets en un plan hori- zontal); **claie, clayon, clisse** (pour fruits, fromages, verres, bouteilles)

racketeer — **trafiquant, racketteur**

ravel — esquimau

refill (de stylo) — cartouche

refund — restitution d'indu, remboursement

remover — décapant (pour vernis, peinture)

rim — jante

roll — petit pain

rough — rêche, rugueux, rude (surface qcq); houleux (cours d'eau); brutal, rude (personne)

rubber — caoutchouc

run, f. — course (« ça fait toute une run »)

rush — affluence, ruée; adj.: urgent

rye — whisky de seigle

safe — coffre-fort; préservatif, instrument prophylactique; adj.: sûr

safety — rasoir de sûreté

satchel — sac de voyage; sacoche

scab — renard, jaune, briseur de grève

scram! (arg.) — déguerpis!

scrap, f. — déchets, rebuts, ferraille

scratch (action de blouser sa bille de frappe, au billard à trous: « tu perds un point pour ton scratch ») — blousage (?)

screen — moustiquaire (f.)

seal (manteau de) — phoque

set — **mobilier** (de salon, de cuisine, de chambre); **service** (de vaisselle); **garniture** (de toilette); **train** (de pneus); **jeu, assortiment, ensemble** (de cartes, de formules, etc.); **série** (d'échantillons, d'épreuves)

shack — **cabane**

shape, f. — **taille** (« que c'te femme-là a donc une belle shape! »)

shed, f. — **petit hangar**
Nota: Certains paysans ont en effet un hangar et une « shed », qui est plus
     petite ou plus rudimentaire que le hangar.

shift — **équipe, poste** (assimilé aussi à *chiffre*; voir ce mot)

shoo! (interjection de désapprobation, cri pour huer correspondant au sifflement français) * — **hou!** (?)
* A noter que les anglophones disent *shoo* pour chasser un animal ou, dérisoirement, une personne. Pour huer, c'est *boo* qu'ils disent.

shop, f. — **boutique; atelier; boucherie, épicerie-boucherie** *
* En ce dernier sens, semble limité à la campagne.

short — **à court** (« arriver short dans ses finances »: se trouver à court d'argent)

shot, f. — **grande quantité** (« on en a mangé une shot »: je vous dis qu'on s'est empiffré; « on en a pelleté une shot »: je vous assure qu'on a pelleté)

shot, f. — **coup** (« prendre une shot de gin »)

shot, f. — **blague, plaisanterie** (« as-tu compris la shot qu'il a lancée? »)

show — **spectacle**

show-off — **étalage, mise en scène; esbroufe**

side — **blouse du côté, au billard** (« j'call ma boule dans le side »)

sirloin — **romsteck**

sit-in — **manifestation assise** (« sur le modèle de *place assise* » *), **manifestation sur le tas** (« par analogie avec *grève sur le tas* » *)
* Cf. Bibl. 18.

size — **taille** (d'un objet, d'une femme; « c'est mon size »: c'est la taille que j'aime)

slack — **desserré, lâche** (écrou, corde); **flasque** (peau); **fluet, maigre** (« un grand slack »)

sleigh, f. — **traîneau**

slides, f. — **diapositives**

slim — **élancé, mince**

slingshot — **lance-pierre(s)**

slip, f. (de livraison, d'expédition) — **bordereau**

slush, f. — **neige fondante, neige boueuse, gadouille** (?)

smock — **sarrau**

snack — **gueuleton, repas glouton** (« j'vous assure qu'on a fait un snack »); **régal, festin, ripaille** (« on peut pas faire des snacks à tous les jours »); **repas de réception somptueux** (« c'est aujourd'hui que les voisins font leur snack »)

snap — **bouton (à) pression, fermoir (à) pression,** fam.: **pression** (vêtement); **fermoir à ressort, mousqueton** (harnais de chevaux)

socket, f. — **douille** (de lampe)

span — **paire** (de chevaux); **couple** (d'amis, de collaborateurs: « ils font un beau span, tous les deux », péj.)

speech — **discours; semonce** (« j'me suis fait conter un speech »: j'ai reçu une semonce)

speedometer — **indicateur de vitesse, compteur** (automobile); **tachymètre** (machines de l'industrie mécanique)

speedway — **piste**

spikes — **pointes** (que portent à leurs chaussures les joueurs de football)

sport — **chic, loyal**

spot — **endroit** (« c'est un bon spot pour vendre aux passants »), **emplacement** (« son restaurant est sur un ben bon spot »); **cercle** (de lumière, de liquide); **mouche** (de table de billard)

spotlight — **projecteur; réflecteur lenticulaire**

spray — **laque (invisible) *** (pour les cheveux); **jet vaporisé** (« un spray de peinture »); **gicleur, atomiseur, vaporisateur; pistolet** (à peindre, à vernir)
* Cf. des annonces publicitaires dans des revues françaises.

springboard — **tremplin**

squash, f. — **courge**

stall, f. — **stalle** (d'écurie), **case** (d'étable), **loge** (de porcherie)

stand — **station** (de taxis, d'autobus); **étal** (de boucher, de fruitier, etc.); **support** (de téléviseur), **pied** (d'un appareil de photo)

starter — **démarreur**

steady — **régulier** (« un ami steady »); **régulièrement** (« il sort avec elle steady »)

steak — **bifteck;** steak de ronde (round steak): **tranche grasse *;** steak de jambon: **jambon frit;** steak de saumon, de flétan: **darne de saumon,** etc.; steak de veau: **escalope (de veau)**
* Cf. l'Office de la langue française du Québec, ouvrage cité en 7.1.4.1.

steering — **volant (de direction)**

step — **saut** (« j'ai fait un de ces steps! »); **pas** (de la gigue simple; « il fait son step de côté d'une drôle de façon »)

stew — **ragoût**

sticker — **étiquette; papillon; vignette**

stock — **marchandise** (« j'ai rien que du bon stock, madame »); en stock: **en magasin**
Nota: Le français a adopté le mot *stock* mais lui fait désigner un approvisionnement, une quantité de marchandises en réserve (« ce marchand a habituellement un gros stock de bière »)

stone — noir; drogué

stool — mouchard, dénonciateur (d'une personne qui déjoue les règlements, d'un mari infidèle, etc.)

straight — juste, honnête, droit en affaires, strict quant à l'observation des règlements

straight (trois jours) — trois jours de suite, consécutifs

strap, f. — courroie; sangle

stuck-up — hautain, prétentieux

stud — bouton de manchette

stuff — liquide quelconque, surtout curatif ou préservatif (« c'est un bon stuff, ça; il m'a donné un stuff pour détruire les poux »), produit

sucker — mouchard, lèche-bottes
Nota: Le sens dans lequel *sucker* est employé en anglais, c'est celui de poire, gogo, dindon de la farce.

suit (pour enfant) — costume; esquimau

swell — bien mis, chic

switch, f. — interrupteur; commutateur; contacteur (du démarreur)

switchboard — tableau de distribution; standard

tack, f. — point, attache provisoire (« j'vas y faire une tack avant de coudre ça au moulin »)

tag — insigne, cocarde; fiche, étiquette mobile (d'un paquet, d'un article de commerce)

tan — hâle

tape — ruban cellulosique, ruban gommé, chatterton; mètre-ruban, ruban métrique

t-bar — téléski, tire-fesses (fam.)

t-bone — aloyau

teach-in — séminaire

tenderloin — filet

thanks — merci

time! — une minute! (interjection pour faire cesser le jeu)

tip — gratification, pourboire

tire — pneu

toaster — grille-pain

top — comble, plat, bouquet (« Ah ben! c'est l'top! »); **maximum** (« quand on a fait $50 avec ça, c'est le top »); **toit** (d'une auto)

tough — dur, résistant (à la besogne, à la douleur); **hardi, qui n'a pas froid aux yeux; dur à cuire** (e.g. élève); **difficile** (travail, épreuve sportive)

towing — dépanneuse

trail, f. piste (de ski), trace (des roues de voiture, des patins de traîneau)

trailer — remorque; caravane, roulotte *
* Vieux en ce sens.

truck — camion; chariot (pour le transport du fumier dans les fermes, du matériel dans les usines)

tub, f. — cuve (pour abreuver les vaches)

tubeless (pneus) — sans chambre *, increvables **
  * Cf. le dictionnaire Harrap, supplément de 1962.
  ** Selon des agents de la régie Renault.

tune-up — révision, réglage du moteur, mise au point

turn-up — revers (de pantalon)

twist, f. — façon de s'y prendre (« t'as pas la twist »)

type — machine à écrire

waiter — garçon, serveur

waitress — fille de salle, serveuse, mademoiselle!

walk, f. — promenade, course (« c'est toute une walk »)

waterproof — étanche, à l'épreuve de l'eau

whip — chef de groupe

windshield — pare-brise

wiper — essuie-glace

wise — habile, malin, futé

wo! — ho! (ordre à des chevaux ou à un conducteur d'arrêter)

wrench — clef (à écrous)

zip, zipper — fermeture à glissière

6.1.2 MÉTALINGUISTIQUES

Pour les termes de cette catégorie, il va de soi qu'il n'existe pas de termes français correspondants, du moins pas de termes officiels. Cependant, nous donnerons parfois un essai de traduction, ou, lorsque la chose semble nécessaire, une explication, une brève définition.

arborite — lamellé décoratif *
* Cf. la société Domtar.

cortland (variété de pommes)

doughnut — beigne *
* Recommandé par l'Office de la langue française du Québec.

fiberglass — fibre de verre (?)

fudge — fondant au chocolat (?)
Nota: L'Office de la langue française du Québec recommande l'appellation
    fondant.

fudgesicle (sucette au « fudge » congelé)

gyprock — planche au plâtre, panneau sandwich, panneau au plâtre
Nota: Traductions données pour *gypsum board* (« planche murale faite de plâtre
    recouvert de papier ») par Marcel Lefebvre, *Dictionnaire du bâtiment,*
    Building Terms Dictionary, Les Éditions Leméac, Montréal, 1965.
    D'autre part, le *Glossaire du papetier et de l'imprimeur* (par Gérard-H.
    Lafontaine, Papeterie Howard Smith, Limitée, Montréal) donne **carton**
    gypse (pour murs) comme traduction de *gypsum wallboard* (« couche de
    plâtre entre deux cartons supports »).

hamburger

kleenex — papier-mouchoir *
* Traduction qui semble la plus courante.

masonite — bois pressé (?)

merchandising — techniques marchandes *
* Cf. Bibl. 18.

nowhere — randonnée, excursion à destination inconnue

popsicle (sucette apparemment faite de boisson gazeuse gelée et parfois enrobée
de chocolat)

shortening — graisse alimentaire *
* Cf. *Meta* (Presses de l'Université de Montréal), vol. 14, no 4, p. 220.

simonize (cirage pour automobiles)

skidoo — auto-neige *, motoluge **, motoneige **
  * Traduction assez répandue, mais l'expression sert déjà pour désigner un
    autre genre de véhicule.
 ** Proposé par Bibl. 18. — Noter que le terme *motoski* est une marque de
    commerce déposée.
*** Proposé, concurremment avec *motoluge,* par M. Jean-Marie Laurence, à
    l'émission « Langue vivante ».

spread (« nom générique de diverses substances qui servent à faire des tartines » *) — **tartinage** *
* Cf. Bibl. 18.

sundae
Nota: Le dictionnaire Harrap donne pour traduction de ce mot: *glace aux fruits*. Cette traduction n'est pas satisfaisante car un *sundae* n'est pas toujours aux fruits.

wealthy (variété de pommes)

6.2 EMPRUNTS ASSIMILÉS MORPHOLOGIQUEMENT

Ces emprunts consistent en des termes anglais auxquels on greffe des morphèmes français.
Il pourra se rencontrer ici les mêmes adaptations phonétiques, dans la partie anglaise des mots, qu'en 6.1.
Pour faciliter la lecture, la partie anglaise des mots sera en majuscules.

BACKer — **soutenir financièrement, financer**

BATer — **frapper** (au base-ball, au solft-ball); **réprimander copieusement, semoncer avec colère, chapitrer d'importance; expulser**

BESTer, -eux, -age — **flatter avec assiduité**

BOOKer (a.s.d. un travailleur d'emplo' intermittent, une chanteuse de cabaret; un garage: « je suis booké pour mardi, elle est bookée pour 10 heures; j'ai appelé le garage, mais il est booké pour plusieurs heures à l'avance, avec un temps pareil ») — **inscrire; noter des réservations de service** (il est booké pour tant de temps: ses services sont retenus pour tant de temps)

BOOMer (un candidat, les actions d'une compagnie) — **faire mousser à coups de réclame**

BOOSTer (e.g. la batterie d'une voiture) — **renforcer; survolter**

BOSSer, -eur — **mener, gouverner, régenter**

BOTCHer, -age, -eur — **bâcler, bousiller, saboter,** fam.: **cochonner, torcher**

BRAKer — freiner

BUMmer — **trimarder; gueuser; quêter** (des cigarettes)

BUMPer — **heurter** (avec un soubresaut)

CALLer — **appeler, demander** (e.g. pour aller déblayer les routes avec le chasse-neige: « quand il est callé, il faut qu'il y aille »)

CALLer, -eur — **diriger** (une danse folklorique); **destiner à tel endroit** (sa bille de billard)

CATCHer — **attraper, saisir** (une balle, un objet qcq., un calembour, une pointe)

CHECKé — **bien mis, tiré à quatre épingles, sur son trente et un**

CHECKer, -eur, -age — **enregistrer** (des bagages); **consigner** (des malles); **étiqueter** (des marchandises); **vérifier** (un compte); **pointer** (les noms d'une liste); **cocher** (une réponse au choix)

CHECKer (son paletot, son manteau) — **mettre au vestiaire**

CLEANer, -age — **nettoyer, débarrasser** (un meuble); **dépouiller** (un pommier de ses fruits)

CLIPer, -eur, -age — **tondre** (les bêtes, le gazon, iron.: les cheveux)

COACHer — **être l'entraîneur; piloter**

COAXer — **stimuler, engager instamment** (à faire qch.)

COOKrie (faire la) — **cuisine, ordinaire, popote** (fam.), **tambouille** (pop.)

CRATé (meuble livré) — **emballé en bois armé**

CRUISer — **se livrer au racolage, faire la chasse, draguer; marauder** (taxi)

déCLUTCHer — **embrayer**

déFROSTer (les vitres d'une voiture) — **dégivrer**

déWRENCHer — **disloquer**

DRIVer — conduire (un tracteur, un camion) ; **rouler très vite, gazer**

FIGHTer — **lutter, se débattre; débattre** (une affaire, une cause)

FITer — **être à la taille de, aller à** (qn); **être de dimensions voulues, faire** (pièces d'appareil); **aller à une serrure** (clef); **convenir, faire l'affaire** (instrument); **assembler** (les pièces d'un appareil, d'une machine)

FLASHer, -eur — **avoir une tenue pompeuse, voyante** (pers.); **paraître somptueux, être voyant et gai** (décoration); **paraître riche, faire le rupin** (« il aime à flasher »)

FOXer, -eur, -age — **simuler la maladie pour manquer la classe, faire l'école buissonnière**

GOALer, -eur — **garder le but**

GOOFer (la boisson d'un consommateur, dans une taverne, un bouge) — **mettre un stupéfiant dans, camer** (arg.)

GROUNDer — **poser une prise de terre, un contact à la masse, mettre au sol, à la terre, à la masse**

JACKer — **soulever** (une voiture avec un cric); **être jacké: reposer sur le châssis plutôt que sur les roues**, à cause d'une butte de neige ou de terre

JAMé — **pris, coincé, bloqué**

JOBeur — **revendeur; entrepreneur à la pièce, à forfait**

JUMPer — **sauter; s'évader** (de l'armée)

KICKer, -eux, -age — **donner un coup de pied; ruer; regimber; hésiter à accepter, marchander**

KNOCKer — **administrer un coup de poing à, descendre**

LAY-OFFer — **licencier**

LOAFer — **flâner, fainéanter, baguenauder; mener une vie de bohême**

MATCHer — **apparier, rapparier** (des gants, des bas); **assortir, allier** (des couleurs); **s'harmoniser avec, aller avec** (telle couleur, tel objet)

NECKer — se faire des mamours, se bécoter

PARKer — v.i.: **stationner**; v.t. (*parke*, sa voiture): **garer, parquer**; « se parker »: se garer, se parquer

PATCHer, -é, -age — **poser une pastille à** (une chambre à air), **rapiécer** (un pneu, un ballon, un tuyau de caoutchouc)

PAWNer (sa montre, sa bague) — **mettre en gage, engager** (au mont-de-piété)

PEDDLer, -eur, -age — **colporter**

PEPper, -é — **donner de l'entrain, -plein d'entrain, endiablé**

PITCHer, -eur, -age — **lancer** (une balle, un objet qcq.); se pitcher: se lancer une balle

PRIMer (une pompe) — **amorcer**

PUNCHer — **se pointer** (à l'usine), **pointer** (pour contrôler les heures d'entrée ou de sortie des ouvriers), **poinçonner** (un billet d'autobus, une barre de fer), **percer** (un fer à cheval), **perforer** (une pièce de cuir, une feuille de papier), **étamper** (une plaque de fer), **cogner sur** (qn)

RACKé — **épuisé, flapi, vanné, courbatu, moulu, esquinté; courbaturé**

RAIDer (un établissement, une boîte de nuit) — **faire, opérer une descente dans, descendre dans, faire une rafle, une razzia dans, razzier**

RIDer — **se promener, faire un grand trajet; filer à vive allure**

RUNner — **conduire** (un tracteur, un véhicule); **diriger** (une entreprise); **mener, gouverner, avoir la main haute sur** (des employés, des opérations); **régenter** (tout le monde)

SCORer — **marquer** (des points)

SCRAPer, -eur — **racler, gratter pour nettoyer, -racloir, décapeuse**

SCRAPper — **mettre au rebut, envoyer au rebut; démolir** (son automobile)

SCRATCHer — **blouser sa bille de frappe** (au billard); **égratigner, érafler** (« il s'est fait scratcher tout le côté droit de son char »)

SETTLer — régler (une affaire, une querelle, une machine)

SHACKer — **faire vie commune, cohabiter,** entre amant et maîtresse (« on a shacké pendant deux mois »)

SHAKer, -age, -eux — **trembler**

SHAPé — formé (« j'ai jamais vu une fille aussi ben shapée »)

SHAVer (se) — **se faire la barbe, se raser**

SHEERer — **dévier durant son parcours** (bille de billard); **glisser, dévier de sa piste, déraper** (roues d'un véhicule automobile)

SHINer — **cirer; astiquer, faire briller**

SHIPer — **expédier** (de la marchandise); **chasser** (un mauvais garnement)

SHOOTer — **lancer vivement** (palet, ballon, tout objet)

SKIDer — **déraper**

SLACKer — **détendre, relâcher**
Nota: Au sens de *congédier, licencier,* ce verbe est probablement une déformation du verbe français *saquer.*

SOAKer — **exploiter, faire casquer, rouler, estamper**

SPINer (ses roues de véhicule) — **faire patiner**

SPLITer — **partager**

SPOTer — **diriger un rayon de lumière vers; repérer** (un évadé)

STALLer, -é (moteur de véhicule, machine qcq.) — **caler, se caler, se bloquer, tomber en panne -calé, bloqué, en panne; pris, immobilisé** (« ils sont restés stallés dans la côte »)

STEPper, -eur, -age — **trépigner** (de joie, de colère); **danser la gigue simple**

STOCKé — **endimanché**

STOOLer — dénoncer, faire le renard, moucharder

STRAPer — rattacher avec une courroie; sangler

STRETCHé — extensible (bas), **fuseau** * (pantalon)
* Cf. Marabout Flash, *He Ski.*

STUCKé — buté; entiché; embourbé

STUFFer (des fraisiers, des plants de concombre) — **mettre de l'insecticide sur, arroser d'insecticide**

SWITCHer, -age — **dériver, changer la communication** (d'un fil); **passer rapidement d'une chose à une autre** (« j'ai switché à c'te compagnie-là; quand ma blonde m'a planté là, j'ai switché sur sa sœur »)

TACKer — **fixer, attacher provisoirement, épingler** (deux pièces de tissu)

TAGuer — **attacher une fiche à, mettre une étiquette à** (un meuble, un article vendu), **étiqueter**

TIMer — **calculer le temps employé par qn à faire qch., chronométrer**

TIPer — **donner un pourboire à**

TOASTé, -er — grillé

TOPper — **écimer, étêter** (un arbre)

TOUGHer — **endurer** (qn, qch.); **persévérer, tenir bon, tenir le coup; tenir tête à; suivre à la tâche** (« j'les ai toughés »)

TROLLer — **pêcher à la cuiller**

TRUSTer — **faire confiance à, se fier à**

TWISTer — **tordre** (un câble)

TYPer — **dactylographier, taper**

WAITrice — **fille de salle, serveuse**

WATCHer — **surveiller**

6.3. EMPRUNTS ASSIMILÉS GLOBALEMENT

L'emprunt subit ici des transformations phonétiques qui l'insèrent dans le système phonétique français (ou plus exactement « canado-français »).

A défaut d'employer l'alphabet phonétique, nous nous efforcerons de reproduire la prononciation des mots le plus fidèlement possible avec l'alphabet ordinaire.

Lorsque l'orthographe est la même dans le mot français que dans le mot anglais (e.g. *cocoa*), il y a quand même assimilation, le mot étant prononcé à la française selon les règles ordinaires de l'orthoépie et donc différemment de l'anglais.

6.3.1 LINGUISTIQUE

antifrise, f. — anti-freeze — antigel

avarâles, f. — overalls — salopette

bâdrer, -ant, -eux — to bother — ennuyer, importuner, déranger
Nota: Selon certains linguistes, il se peut fort bien que le mot *bâdrer* soit d'origine celtique et nous soit venu de l'ancien dialecte franco-normand des îles de Jersey et de Guernesey.

bâlepointe — ball-point — stylo à bille, stylo-bille

bâleur — boiler — chaudière

balloune, f. — balloon — ballon; bulle (de savon)

baloné — Bologna (prononcé argotiquement *boloney*) — **(saucisson de) Bologne, mortadelle**

bâquiette, f. — bucket — seau (qu'on accroche aux érables)

barniques (A.A.), f. — barnacles — lunettes, bésicles

bazinette, f. — bassinet — moïse

bécosse, bécosses, f. — back-house * — cabinets, latrines
* Donné comme origine de *bécosse* par le dictionnaire Bélisle (Bibl. 3).

bèque, bèquoppe, arrié-bèque (commandement pour faire reculer un cheval) — **back, back-up — arrière** (?)

bérigne — bearing — palier (d'arbre de couche); **coussinet** (de perceuse, de moteur électrique)

bésenisse, f. — business — affaire (« c'est pas de vos bésenisses »: ce n'est pas votre affaire); **affaires** (« il est dans la bésenisse »); **commerce, entreprise** (« il a parti une bésenisse »)

binnes, f. — beans — haricots

blagne, blingne — blind — store

bombragne — boomerang — boumerang; lance-pierres

boquier — to balk — se buter; tirer de l'arrière

borberine, f. — ball-bearing — bille (d'essieu de bicyclette)

boster — to burst — crever, éclater, exploser (« si on continue de la chauffer, la *tinque* va boster; arrête de manger, tu vas boster »)

botche — butt — mégot
Nota: La déformation a dû se faire à partir du pluriel *butts*.

bôte, f. — bolt — boulon

boulé — bully — gaillard; fier-à-bras; bravache

bourzaille, f. — bull's eye — sucette; mouche de cible, cible

braisse, f. — brace — contrefiche, tirant; bride d'assujettissement

braquiette, f. — bracket — broquette

cail — coil — radiateur

calvette, f. — culvert — ponceau (sous une voie ferrée)

cancellé (A.A.) * — cancelled — annulé (rendez-vous, commande), **contremandé** (ordre), **décommandé** (repas, taxi), **rayé, biffé** (inscription), **oblitéré** (timbre)
* On trouve l'expression « canceler son offre » dans les chroniques de Froissart, selon Bibl. 2. *Canceller* est aussi donné au sens d'*annuler en biffant* dans les éditions quelque peu anciennes des dictionnaires.

canisse (de lait), f. — canister — **bidon**

cant, -canter (A.A.) — cant — **chant, côté; dévers, -incliner** (v.t.), **pencher** (v.i.)

castille (m. ou f. ?) — cast steel — **acier coulé** (un tisonnier en castille, des outils en castille)

caucus (« les députés conservateurs tiendront un caucaus cet après-midi; le caucus libéral s'est réuni en entier ce matin » — caucus * — **réunion (stratégique, à huis clos); groupe parlementaire**
* Mot qui aurait été emprunté à l'algonquin par les anglophones d'Amérique.

chalac — shellac — **(vernis de) laque**

champou — shampoo — **shampooing**

chassepanne, f. — sauce-pan — **casserole, poêlon**

cheniquer — to sneak — **s'éclipser, se défiler, s'esquiver**

chibagne (toute la), f. — shebang — **maisonnée, tripotée**

cispoune, f. — cesspool — **fosse d'aisance; siphon** (d'évier)

clabord — clapboard — **bordillon** (« poser des clabords sur sa soue »)

clanedaque — klondike — **papillote**

clipse, f. — clip — **pince** (pour retenir la jambe de pantalon, à bicyclette)
Nota: Calqué à partir du pluriel anglais.

cocoa — cocoa — **cacao**

coltar — coaltar — **goudron de houille** (« ils étendent du coltar dans leur cour »)

conistache — corn starch — **fécule de maïs, farine de maïs, amidon de maïs**

coppe, f. — **copper** — **cuivre** (« un chaudron en coppe »); **sou** (« j'ai pas une coppe dans mes poches »)

corderoi (m. ou f. ?) — **corduroy** — **velours à côtes, velours côtelé**

cossetarde, f. — **custard** — **flan, crème au lait, crème renversée; crème**

crète (à fraises, à framboises) — **crate** — **caisse** (à claire-voie), **cageot; panier** (grand et plat)

crinque, f. **-crinquer** — **crank** — **manivelle, -lancer** (le moteur d'une auto) **à la manivelle**

curriculum (de telle année scolaire) — **curriculum** — **programme d'études**

cutexe — **Cutex** — **vernis à ongles**

dompe, f. — **dump** — **dépotoir**

domper — **to dump** — **décharger, déverser** (des déchets, une charretée de sable); **laisser, faire descendre** (qn d'automobile)

drable — **drab** — **beige**
Nota: Ce mot est prononcé *drabe,* la deuxième consonne fermante n'étant pas prononcée, comme dans tous les mots en franco-canadien. Si nous présentons ce mot comme transformé ou assimilé, c'est pour l'avoir vu à quelques reprises écrit « drable ».

drâper — **to drop in** — **faire une petite visite** (en passant), **un bout de visite à** (« j'vas drâper chez eux en m'en retournant »)

éclâsette, f. — **closet** — **latrines**
Nota: Phénomène d'agglutination de la voyelle de l'article de « les closets ».

fâremane — **foreman** — **contremaître**

flaille, -er — **flag** — **drapeau; -héler** (un taxi)

flaille, -er — **fly** — **balle qui fait un vol arrondi, lancer en chandelle** * (baseball, solft-ball); **-filer, aller très vite** (voitures, personnes)
* Selon Bibl. 3.

flaille, f. — fly — braguette

flouxe, f. — fluke — veine, coup de chance, chance (« c'est de la flouxe; gagner par la flouxe »)
Nota: Calqué à partir du pluriel *flukes*.

gagne, f. — gang — groupe; troupe; bande; clique, cabale

gamique, f. — gimmick — manigance, combinaison, tripotage

grévé — gravy — sauce (au jus)

grobeur — grubber — sarcloir

grocerie, f. — grocery — épicerie; commande d'épicerie (« ma grocerie est pas arrivée »)

hadèque (filet d') — haddock — aiglefin

iste — yeast — levure

lacteur — lighter — briquet

landrie, f. — laundry — blanchisserie; linge à laver ou venant d'être lavé, lessive

loquié; badloquié — lucky; bad lucky — chanceux, veinard; malchanceux

lousse — loose — lâche, relâché (nœud, corde, assemblage qcq.); ample (vêtement); détaché, en liberté (animaux)

mâchemâlo — marsh-mellow — guimauve

maususse! — (Holy) Moses! — diable! (interj. d'étonnement); ah! zut... (interj. de déception)

mofleur — muffler — silencieux

mopses (prononcé *mops*) — mumps — oreillons

niquiouque — neck-yoke — porte-timon, * barre de reculement *
* Cf. le ministère fédéral de l'Agriculture. — Le « niquiouque » a pu autrefois désigner le *joug* des attelages de bœufs, mais il désigne aujourd'hui cette pièce de bois qui relie les deux chevaux et soutient le timon mais qui est placée en dessous du cou des bêtes.

ouaguinne, f. — waggon — charrette, fourragère

ouère — wire — fil métallique (« du ouère à clôture »)

ouise, f. — waste — chiffon à nettoyer; bourre de coton (pour les coussinets de wagons)

ouisse — whistle — sifflement (lâcher un ouisse à qn)

pageant — pageant — spectacle de culture physique (« l'école X prépare un pageant »)

paparmane, f. — peppermint — pastille de menthe

pâwâ — pow-wow — fête tapageuse, grande soirée de plaisir; sabbat

pécane — pecan(-nut) — pacane (f.)

pédigri — pedigree — description, biographie (« il m'a donné tout son pédigri »); panégyrique (description morale défavorable: « elle m'a fait tout un pédigri de son propriétaire »)

pènetré, bènetré, f. — pantry — garde-manger

pidjéquiette — pea-jacket — vareuse, caban

pissou, f.: pissouse — pea-soup — lâche, peureux

poutine, pôtine, f. — pudding — pouding; personne grasse (« espèce de grosse poutine! »)

quétaine — Keatin(g) * — pauvre, déguenillé, dépenaillé; niais, arriéré, godiche
* Selon des habitants de Saint-Hyacinthe, nom d'un Écossais qui s'est établi dans cette ville et dont la famille, par son aspect singulièrement indigent, est devenue la fable du quartier. Le nom propre, pétri par la langue populaire, est devenu nom commun et a connu des mouvements migratoires

qui font qu'on le retrouve aussi dans la région de Québec et dans la Mauricie. Il a engendré un masculin, *quétain* (dénué, haillonneux, loqueteux). Il a aussi donné naissance à *quétaineville* ou *quétainville,* comme synonyme de bidonville. A Montréal, le mot « quétenne » (orthographe relevée sur des graffiti) ne s'est implanté qu'assez récemment et se limite au deuxième sens susmentionné.

raille, f. — **ride** — (grand) parcours, (grande) **promenade** (« ça fait toute une raille! »); **randonnée** (« on a fait une raille à travers la ville »)

railletrou — **right through** — tout droit (« ç'a passé railletrou à travers le mur; on a filé railletrou en ville; on va monter au ciel railletrou »)

Re (prononcé *ré*; formule employée en tête de lettres d'affaires: « Re: Lenoir & Fils Ltée ») — **Re** — **Objet; En l'affaire de** (domaine juridique)

réguine, f. — **rigging** — **gréement** (« la barge était prête avec toute sa réguine »), **outillage** (« un moulin à scie et toute sa réguine »); **accoutrement** (« quelle réguine que t'as su l'dos? »)

ril — **reel** — **moulinet** (pour la pêche)

ril — **reel** — **branle écossais** *
* Selon le dictionnaire Harrap.

robeur — **rubber** — **caoutchouc**

robine, f.; robineux — **rubbing (alcohol)** — **alcool méthylique, alcool à friction, alcool de fabrication clandestine; ivrogne**

ronignes, f. — **running shoes** — **souliers de course**

ronne, f. — **round** — **tournée, route** (d'un laitier, d'un facteur, d'un distributeur de pain), **ronde** (d'un veilleur de nuit)

rôzbive — **roast beef** — **rosbif, rôti de bœuf**

saillebôte — **sideboard** — **buffet**

scrigne — **screen** — **moustiquaire** (f.)

sedan — **sedan** — **berline** *
* Cf. Bibl. 18 et le Petit Robert à ce mot.

signe — sink — évier

slaille, f. -er — slide — glissade, -glisser, déraper, zigzaguer

slaille, f. — slice — tartine

slaille (sur la) — on the sly — à la dérobée, furtivement

sligne, f. — sling — ceinture (de pantalon seulement)

smatte — smart — gentil, aimable (« a'est ben smatte, c'te fille-là »); renseigné, bon causeur (« c't in homme ben smatte »); serviable (« j'ai un p'tit gars ben smatte pour m'aider »); adroit, dégourdi, policé (« a'est pas assez smatte pour se faire à manger toute seule, pour accueillir les invités »); « t'es smatte! »: tu en fais de belles!

soqueur — sucker — jobard, gogo; parasite, écornifleur, pique-assiette

souèteur, souiteur — sweater — tricot, lainage; chandail

souigne; souigner — swing — giration, mouvement brusque de rotation, dérapage (« le traîneau a fait un souigne dans le virage »); danser en tournant sur soi-même

souompe, f. — swamp — marais, marécage

sour — sewer — égoût; évier

spaire — spare (tire); spare (wheel) — pneu de rechange; roue de secours; tout objet de rechange

spidomètre — speedometer — indicateur de vitesse

sprigne — spring(-mattress) — sommier; ressort

stime, f. — steam — vapeur; « à foule stime » (at full steam): à pleine capacité, sans s'arrêter

stimé (hot dog) — steamed hot dog — hot dog vapeur (pl.: hot dogs vapeur)

stire — stear — bœuf châtré

stommebôte — stone-boat — traîneau à pierres (à fond plat, en bois lisse, glissant sur le sol l'été)

storage — storage — entreposage

straquié (sur qn) — to strike — amouraché, entiché de

stucco — stucco — stuc

subpoena — subpoena — assignation (en cour civile), citation (en cour d'assises)

taille *, f. (jeu de poursuite) — tag — chat
* Prononcé aussi « tague » avec un g mouillé (taguye), phénomène qui représente la phase intermédiaire entre les phénomènes tag et taille c.-à-d. la phase précédant l'élimination de la consonne g au profit du yod qu'elle a suscité, comme la phase baguiette représente la phase intermédiaire entre baguette et ba-yette, et la phase Rodriguye, celle entre Rodrigue et Rodrille. Le processus s'inscrit dans les lois d'évolution phonétique propres au français (songer à la transformation du latin longe en loin, dont le i s'est déjà prononcé individuellement) et, fait intéressant, se produit parfois en sens inverse, en ce sens que c'est parfois le yod qui suscite un g (« rien » prononcé rguien, «glaïeul » prononcé glaguieul).

taille — tie — traverse (de chemin de fer)

taille, adj. et adv. — tie — à égalité, ex-aequo (dans compétitions sportives)

taïeur — tire — pneu

tangerine, f. — tangerine — mandarine (variété avec pépins), clémentine (variété sans pépins)

ta-ta! (interjection de salutation, dans le langage des enfants) — ta-ta! — au revoir!

tausse, f. — toast — rôtie (f.), toast (m.)

time — team — paire (de chevaux)

tinque, f. — tank — réservoir

tiquette (déposé sur les pare-brise d'automobiles) — ticket — contravention, papillon togne, f. (d'une charrette, d'une machine agricole) — tongue — timon, flèche

toune, f. (« joue-nous une petite toune ») — tune — air

toxédo — tuxedo — smoking, habit de soirée

trimpe — tramp — malandrin *
* Cf. la définition du *Dictionnaire des synonymes* de Bénac, à l'article *bandit*:
« de nos jours, petit bandit, vagabond. »

versus, vs — versus, vs — contre, c. (« Jean Lemieux versus Jacques Lepis »)

6.3.2 MÉTALINGUISTIQUES

bermudas — bermudas

catchope — catsup, ketchup

macanetoche (variété de pommes) — MacIntosh

postum (prononcé *postomme*) — postum (sorte de boisson chaude; le mot est
en fait une marque déposée)

quètcheur — catcher — receveur (au base-ball)

reliche, f. — relish — condiment à base de concombre, de vinaigre, de piment

wâlefréveure (variété de pommes, très grosses) — Wolf-River

6.4. EMPRUNTS DÉCALQUÉS

Il s'agit ici de mots à phonétique française que l'on a formés par décal-
que de mots anglais et en accolant à un radical français un morphème français
mais que ce radical n'adopte pas dans le français universel. Il s'agit en
somme de formes qui existent virtuellement dans le français et que les locuteurs
réalisent sous l'influence de l'anglais. Cette catégorie se distingue réellement
des précédentes en ce qu'ici, les mots sont entièrement français de phonétique
(contrairement à ceux de 6.2) et ne sont pas entièrement empruntés à l'anglais
(contrairement à ceux de 6.1 et de 6.3) car ils ont un radical bien français.

6.4.1. SANS DÉVIATION SÉMANTIQUE

Certains des mots décalqués sont fidèles, au point de vue sémantique, à leur radical français, ils sont dans la même « ligne sémantique » que les mots de leur famille, que les mots français formés sur ce radical. Ce sont ceux de la présente catégorie, que l'on pourra opposer à ceux de la catégorie 6.4.2.

6.4.1.1 LINGUISTIQUES

acter (au cinéma, au théâtre) — **to act** — tenir un rôle, jouer

allouance de $50 par mois — **allowance** — attribution; allocation

aréna — **arena** — amphithéâtre couvert, stade, centre sportif

assermentation — **swearing in** — prestation du serment (d'office, d'usage)

Richard a un but et un **assist** — an **assist** — une **assistance**

capita (per) — per **capita** — par **tête**

chambreur — **roomer** — **locataire**

chaperonnage — **chaperonage** — action de chaperonner, surveillance

contracteur — **contractor** — entrepreneur

débattants (deux orateurs, deux chefs politiques s'affrontant dans un débat) — **debaters** — **opposants**

déconnecter, disconnecter (le fer à repasser, etc.) — **to disconnect** — **débrancher**

mon assurance comporte un **déductible** de $100 — a **deductible** — une **franchise**

démotion d'un employé — **demotion** — **rétrogradation**

dentisterie — **dentistry** — art dentaire, chirurgie dentaire

discarter — **to discard** — se défausser; mettre sur la table, se défaire de, écarter (une, certaines cartes)

dissatisfaction, dissatisfait — dissatisfaction, dissatisfied — mécontentement, mécontent; insatisfaction, insatisfait

éducationnel — educational — relatif à l'éducation
Nota: Nous donnons ce mot comme n'étant pas au lexique français en nous appuyant sur le Petit Robert; nous notons cependant que Littré, éd. de 1959, donne ce mot, avec l'exemple suivant: « Ces grands problèmes économiques et éducationnels qui s'imposent au monde moderne », *Lettres d'Angleterre,* dans le *Temps,* 16 octobre 1873; à noter qu'*éducatif* (qui procure l'éducation) ne peut suppléer, ici.

élapsé (contrat d'engagement, police d'assurance) — elapsed — échu

estimé — estimate — estimation, évaluation. état estimatif (des dégats, des dépenses); pl.: prévisions (budgétaires), devis estimatif (d'un bâtiment)

évaluateur — evaluator — estimateur

exhibit * (« produire deux exhibits avec son plaidoyer; les exhibits du pavillon de l'U.R.S.S. ») — exhibit — pièce, document; pièce d'exposition
* Exemple de ce qu'en linguistique on appelle *morphème zéro.*

factrie — factory — manufacture

finaliser — to finalize — conclure, terminer

fixtures (de magasin, d'atelier, etc.) — fixtures — meubles à demeure, équipement; accessoires, appliques

initialer — to initial — apposer ses initiales à, parapher

insécure — unsecured — non garanti (prêt), non assuré, incertain (avenir), sans sécurité (population), anxieux, inquiet (enfant, tempérament)

investiguer — to investigate — faire des recherches, enquêter sur

listé — listed — catalogué, énuméré (un ensemble d'articles); inscrit (un article)

malnutrition — malnutrition — mauvaise nutrition

nectarine — nectarine — brugnon

matière **optionnelle** dans le programme d'études — **optional** subject — **à option; facultative**

originer — **to originate** — **provenir** (« ce fait origine d'une mésentente... »); **remonter** (« cette coutume origine du XVIIᵉ siècle »); **prendre naissance** (« le feu a originé au premier étage »)

paqueter — **to pack** — **empaqueter** (des marchandises); abs.: **faire ses bagages** (« je commence à paqueter aujourd'hui, il faut que je déménage demain »)

prérequis pour entrer à la faculté des sciences — **prerequisites** — **conditions préalables**

billet **promissoire** — **promissory** — **à ordre**

prospect — **prospect** — **acheteur en perspective, en vue; personne en vue**

registraire (A.A.) général du Québec; **registraire** de la Cour supérieure; **registraire** d'une université — **registrar** — **archiviste; greffier; secrétaire-archiviste**

registrateur — **registrator** — **conservateur des hypothèques; conservateur des actes**

revise — **revise** — **seconde épreuve, morasse**

le travail **sessionnel** — **sessional** — **parlementaire**

tabaconiste — **tobacconist** — **marchand de tabac**

technicalités — **technicalities** — **détails techniques, questions de forme, détails d'ordre pratique, points de détail; subtilités**

6.4.1.2   MÉTALINGUISTIQUES

millage — **mileage** — **kilométrage**

6.4.2   AVEC DÉVIATION SÉMANTIQUE

L'on peut dire que les anglicismes lexicaux de cette catégorie constituent en outre des anglicismes sémantiques, car ils sont employés dans un sens qui dévie du sens indiqué par leur radical, qui sort de l'aire sémantique des mots formés sur ce radical.

un **abrége** de 20 bushels par jour — **average** — **moyenne**

dispositif **ajustable** — **adjustable** — **réglable**

formule à remplir par l'**applicant** — **applicant** — **candidat, postulant**

auditer les livres d'une compagnie — **to audit** — **vérifier, examiner, apurer**

aviseur technique, « **légal** » — **technical, legal adviser** — **conseiller** technique, juridique

céduler — **to schedule** — **faire le programme, établir l'horaire de; inscrire à l'horaire, placer au programme;** « il est cédulé à 3 heures »: il est de service à 3 heures, il a été affecté, inscrit pour 3 heures

clairer — **to clear** — **disculper, acquitter** (un accusé); se **libérer** (de ses dettes); **congédier** (un ouvrier); **quitter** (la place); **dégager** (une route); « **clairer** le chemin à »: **frayer** la voie à; « le temps se **claire** »: s'éclaircit; **désencombrer** (une salle), **vider** (une maison, une armoire, une boîte), **débarrasser** (la table, le bureau), **déblayer** (la patinoire, la rue); **faire un bénéfice net de** (10%); **gagner, se faire** ($100) **net** (par semaine); **dédouaner** (des marchandises); **éviter** (le poteau, un obstacle qcq.)

billet **complimentaire** — **complimentary** — **de faveur, à titre gracieux**

débentures — **debentures** — **obligations non garanties**

défranchiser un citoyen, une classe de citoyens — **to disfranchise** — **priver du droit de vote, du droit électoral, de ses droits civiques, de ses droits de représentation**

déqualification, -fier (un magistrat, un conseiller) — **disqualification** — **dégradation civique**
Nota: *qualification* est réservé au sport ou bien désigne la formation et les aptitudes de l'ouvrier qualifié, ou encore l'attribution d'une qualité, d'un titre, ou, en droit, la détermination de la nature du fait incriminé et du texte qui le réprime; il ne désigne pas un état d'habilité politique.

directoré — directory — annuaire des téléphones, du téléphone

dischargé — discharged — libéré (prisonnier); licencié, démobilisé (soldat)

écrit, article libelleux — libellous — diffamatoire

maller — to mail → mettre à la poste, poster

mouver — to move — déplacer, transporter (« viens m'aider à mouver le meuble; il va falloir mouver * le cochon dans l'autre stalle »); bouger (« on peut pas mouver là-dedans »); déménager (de), emménager (dans)
* Cet emploi peut venir, par déviation, de l'un des sens du verbe sans doute ancien (le Petit Robert et le Grand Larousse Encyclopédique ne le donnent pas) *mouver* que donnent le Robert en six volumes et le *Dictionnaire encyclopédique universel* de Quillet et Grolier.

la salle était paquetée; il était paqueté — packed — bondée; ivre, noir, paf, plein, rond, brindezingue

paqueté — packed — faite (assemblée), truqué (jeu de cartes)

postgradué — post-graduate — étudiant de la maîtrise, du doctorat, du niveau supérieur; (études:) supérieures; postuniversitaires

quotation — quotation — cote, cours du marché (« recevoir les quotations de la Bourse »)

reconditionné (machine, voiture) — reconditioned — rénové, remis en état, remis à neuf

secondeur (d'une motion, d'une proposition) — seconder — second proposeur, deuxième parrain

séniorité — seniority — ancienneté

sous-gradué — undergraduate — étudiant du niveau du baccalauréat, étudiant (du niveau) préuniversitaire; collégien

transquestionner * un témoin — to cross-question — interroger contradictoirement, contre-interroger
* A partir de cet anglicisme, certains avocats commettent un « anglo-gallicisme » en disant ou écrivant *to transquestion* en anglais.

6.5 EMPRUNTS HOMONYMIQUES

Ces emprunts sont de fait des mots qui figurent au lexique français, mais ces mots sont employés dans un sens si éloigné du sens français qu'on peut les considérer comme d'autres mots, comme des lexèmes empruntés, eux aussi, plutôt que comme des anglicismes sémantiques. C'est un peu là faire comme les auteurs de dictionnaires, qui, pour un sens très différent de ceux qui précèdent, récrivent à nouveau le mot qu'ils sont à définir, traitant ainsi, d'après deux acceptions très différentes, deux formes identiques comme deux mots distincts.

En somme, ces emprunts sont des mots anglais assimilés, mais qu'on a assimilés sur le modèle de mots français déjà existants, ce qui crée des homonymes.

abréger tant par jour — **to average** — **produire en moyenne**

allée — **alley** — **bille** (à jouer)

la jurisprudence, c'est **basique** — **basic** — **fondamental**

bloquer un chapeau — **to block** a hat — **mettre** un chapeau **sur la forme,** l'**enformer,** le **mettre** en **forme**

brider (un animal femelle) — **to breed** — **accoupler**

cachou — **cashew** — **noix d'acajou, noix de cajou *, anacarde ****
    * Semble l'appellation la plus employée.
    ** Terme apparemment vieilli.

cannage, cannages, canner — **can** — **mise en conserve, conserves, mettre en conserve**

cap (de roue d'automobile; de bouteille de lait) — **cap** — **enjoliveur; capsule**

chiffre — **shift** — « le **chiffre** de nuit, de jour »: **équipe;** « un **chiffre** de huit heures »: **poste;** « être sur le 1er, 2e, 3e **chiffre** »: être du 1er, 2e, 3e **huit;** « travailler sur les **chiffres** »: travailler par **roulement**
Nota: Ce mot est prononcé *chif*, mais après avoir demandé à cinq ou six personnes de milieu différent comment elles l'épelaient, nous avons vu qu'elles identifiaient ce terme au mot « chiffre ».

clérical (emploi, travail; erreur) — clerical — d'écritures, de bureau; matérielle, de transcription, d'écriture

confortable — comfortable, comforter, comfort — courtepointe, édredon

dame (A.A.) — dam — digue; barrage

détailler — tie (égalité) — jouer la partie qui détermine le vainqueur général, briser l'égalité

drave — drive — flottage (du bois, des billes)

filer (des lettres; des procédures) — to file — classer; produire (à la Cour)

filer (une plieuse mécanique, une presse) — to feed — marger, alimenter

hisser — to hiss — huer (« il s'est fait hisser par les femmes »)

restaurant licencié — licensed — autorisé par la Régie des Alcools

la location de l'édifice; il y a maintenant des studios Vic Swarthy's à trois locations à Montréal — the location of the building; at three locations — l'emplacement; à trois endroits

mitaine * de protestants — meeting (prononcé *meetin* dans l'usage populaire) — temple
* Mot aussi employé au sens de *moufle,* au Canada français.

souliers en cuir patent — patent leather — verni

patente — patent — invention (« c'est une patente à lui »); instrument, dispositif, machin, truc (« comment ça fonctionne, c'te patente-là? »); appareil (« la patente pour refroidir le lait »)
Nota: On a affaire ici à une extension de sens. Dans son sens concret et matériel, le mot anglais *patent* désigne une invention brevetée seulement.

planer une expédition, une partie de chasse — to plan — projeter, organiser

plant — plant — usine, station industrielle; succursale, établissement (« notre plant de Montréal-Est »)

ponce — punch — cordial; grog (certaines gens appellent en effet « ponce » une boisson composée de rhum et d'eau chaude; c'est là une déformation et phonétique et sémantique du mot *punch*); « prendre une ponce »: prendre un verre de spiritueux; « une ponce de gin »: un verre de gin; « se poncer »: se servir à boire copieusement

rafle de dindes — raffle — loterie

retraiter — to retreat — battre en retraite, reculer, céder, capituler

royauté, royautés — royalty, royalties — redevance (payée par un concessionnaire pour l'exploitation d'un bien-fonds), **droits d'auteur** (dus en vertu de la propriété d'une œuvre littéraire ou artistique)

taper — to tap — tarauder, faire des filets intérieurs à; percer (une conduite, un tuyau d'aqueduc) pour faire un branchement; **mettre en perce** (un fût, une tonne de mélasse); **faire une prise sur** (une ligne téléphonique), **brancher** (un téléphone) **à une table d'écoute, espionner** (?)

traque — track — piste (de course); **voie ferrée;** pl.: **rails;** « t'es à côté de la traque » (you're off the track): tu dérailles, tu divagues

trimer — to trim — tailler (la haie), **émonder** (un arbre), **ébarber, rogner** (une pièce coulée), **couper, rafraîchir** (les cheveux, la barbe), se **faire** les ongles, **nettoyer, mettre en ordre** (un appartement), se **faire un brin de toilette, toiletter** (son chien), **parer** (la viande)

enfant plein de triques — trick — ruse, tour, truc

vanne — van — fourgon de queue; camion de déménagement

7. 7ᵉ CLASSE: ANGLICISMES LOCUTIONNELS

Cette classe consiste en des locutions prises de l'anglais. Elle se subdivise dans les catégories suivantes d'anglicismes: fondamentaux, qualificatifs, ligatifs, complémentaires et énonciatifs.

Les deux premières catégories se fondent sur la distinction qu'établit Georges Galichet (*Physiologie de la langue française,* P.U.F., 1958) entre « les espèces principales » et « les espèces adjointes ». Nous avons senti le besoin en effet de distinguer entre les expressions qui correspondent à des espèces grammaticales (noms et verbes) ayant assez d'indépendance, existant en quelque sorte pour elles-mêmes, parce que représentant des réalités fondamentales, premières, et les locutions qui correspondent à des espèces grammaticales (adjectifs et adverbes) se rapportant essentiellement à d'autres, parce qu'elles désignent des réalités qui existent en d'autres réalités qu'elles caractérisent. Les expressions qualificatives sont d'ailleurs plus dépendantes du contexte, elles commencent souvent par un mot de liaison, alors que les expressions de l'autre catégorie existent beaucoup plus par elles-mêmes, sinon pour elles-mêmes puisqu'elles tendent parfois des branches (mots de régime, prépositions) pour que s'y greffent des compléments, des déterminants.

Les locutions ligatives sont celles qui jouent le rôle de mot-lien, les locutions complémentaires sont des groupes de mots à valeur de complément, la plupart du temps circonstanciel, et les énonciatives ont le caractère actualisé des énoncés.

Toutes ces catégories pourront être subdivisées par quatre sous-catégories. La première (intitulée: « locutions inexistantes ») groupe les locutions qui n'existent pas en français. La deuxième (intitulée: « locutions existant dans un autre sens ») groupe les locutions qui existent en français dans un autre sens que celui dans lequel on les emploie sous l'influence de l'anglais. La troisième comprend les anglicismes locutionnels « de style », c'est-à-dire qui concernent le style plutôt que la sémantique ou le lexique même. Enfin, la quatrième sous-catégorie comprend les « emprunts intacts », c'est-à-dire les expressions anglaises adoptées telles quelles, sans traduction ni assimilation phonétique notable.

Contrairement à ce qu'on pourrait penser au premier abord, il n'y a pas lieu de subdiviser la troisième sous-catégorie, celle des anglicismes locutionnels de style, entre locutions qui n'existent pas en français et locutions qui y existent dans un autre sens. Les locutions de cette sous-catégorie ou bien s'emploient dans d'autres contextes ou bien ont une existence virtuelle en français, car elles sont de sémantique bien française. On ne peut donc pas dire qu'elles n'existent pas ni qu'elles existent dans un autre sens. Ayant trait au style (dans le sens où nous avons défini ce fait en 5.16), cette catégorie ne peut avoir trait en même temps à la signification ou au lexique et ne peut donc se subdiviser au point de vue de l'existence lexicale ni des propriétés sémantiques de ses éléments.

Quant aux emprunts intacts, il se serait pu que certains d'entre eux existassent, par naturalisation, dans le français universel, où ils eussent eu un autre sens, mais le cas ne s'est pas présenté. C'est pourquoi nous pouvons juxtaposer cette sous-catégorie aux deux premières mentionnées plus haut (« locutions inexistantes » et « locutions existant dans un autre sens ») plutôt que de faire de celles-ci des subdivisions de celle-là.

7.1. FONDAMENTAUX

Il va de soi que la qualification de *fondamental* s'applique à l'ensemble du syntagme. Si ce dernier se compose d'un nom et d'un adjectif ou d'un verbe et d'un adverbe, il se classe dans les fondamentaux, l'espèce principale étant nécessairement le fondement de l'expression.

7.1.1. LOCUTIONS INEXISTANTES

Les mots des expressions de cette catégorie peuvent par hasard se trouver réunis, dans le bon français. Mais pour que nous considérions l'expression comme existante en français, il faut qu'elle existe en tant qu'expression, c'est-à-dire comme un tout présentant assez d'unité et se rencontrant plus ou moins fréquemment dans la langue. Il est certain que si une dame dit au livreur « Je ne prendrai que la **marchandise sèche** » par opposition à celle qui a été mouillée, son expression ne peut être considérée comme une locution une, fréquente et à valeur de nom comme le cas de *marchandise sèche* désignant de la mercerie.

7.1.1.1 LINGUISTIQUES

| acte d'incorporation | incorporation act | constitution légale, autorisation légale |

actifs tangibles, actifs intangibles	tangible assets, intangible assets	valeurs matérielles, valeurs immatérielles
aller en grève	to go on strike	faire la grève, déclencher la grève, se mettre en grève
aller sous presse: « nous allons sous presse à onze heures »	to go to press	mettre sous presse
Lebon vous offre pour vos vieux appareils de généreuses allocations d'échange	trade-in allowance	reprise
amandes brûlées	burnt almonds	pralines
ami de garçon, ami de fille	boy friend, girl friend	ami, amie
année fiscale	fiscal year	année budgétaire, année d'exercice, exercice financier
annonces classées (d'un journal)	classified ads	petites annonces
appliquer pour des fonds, un emploi	to apply for money, a job	demander des crédits, un emploi, adresser, présenter une demande de
artiste commercial	commercial artist	dessinateur publicitaire
assaut indécent	indecent assault	attentat à la pudeur
assiette froide	cold plate	viandes froides, mets froids, assiette anglaise

assistant-comptable,	assistant-accountant,	aide-comptable,
assistant-chirurgien,	assistant-surgeon,	aide-chirurgien,
assistant-gérant,	assistant-manager,	sous-gérant (journal), sous-directeur (banque),
assistant-secrétaire,	assistant-secretary,	secrétaire adjoint,
assistant-greffier, etc.	assistant-clerk, etc.	greffier adjoint, etc.

Nota: Le mot *assistant* s'emploie au sens de personne qui aide, en français. Dans l'Église, par exemple, on appelle assistant un prêtre qui en aide un autre à dire la messe, ou un religieux qui aide le supérieur. Il y a aussi les *assistantes dentaires,* les *assistantes de police,* les *assistants sociaux.* Lorsqu'il détermine un autre nom, cependant, il se place **après** ce nom (*médecin assistant, professeur assistant*), sauf dans l'expression *assistant berger* (cf. *Le Grand Larousse encyclopédique*).

assurance-feu	fire-insurance	assurance contre l'incendie
assurance-santé	health insurance	assurance maladie
attendre et voir	wait and see	voir venir
Auditeur général	Auditor general	Commissaire aux comptes (?)
avant-midi (A.A.)	forenoon	matinée
avis: donner **six mois** d'avis	to give **six month's** notice	donner avis six mois d'avance, donner un **pré**avis de six mois
Jean Beaujeu, **avocat et** procureur	John Play, **Barrister and Solicitor**	avocat
avoir à faire avec: as-tu qch. à faire avec cette affaire-là?, j'ai rien à faire avec ça	I have nothing to do with that	Je n'ai rien à voir dans cela
avoir le dos large	to have a broad back	avoir bon dos
avoir les bleus	to have the blues	avoir le cafard, avoir des idées noires, broyer du noir

avoir un goût pour les femmes grasses	to have a taste for	avoir du goût pour, avoir un penchant vers, avoir un faible pour
avoir un mot: « on a jamais eu un mot avec eux autres »	to have a word: "we never had a word with them"	se disputer
balance en main	balance in hand	solde créditeur; boni
banque à charte	chartered bank	banque privilégiée *

* Cf. Bibl. 7.

bateau: être dans le même bateau	to be in the same boat	être dans le même cas, être logé à la même enseigne
bénéfices marginaux	fringe benefits	avantages sociaux, * avantages accessoires **

* D'après Bibl. 19.
** D'après *Les institutions sociales de la France,* éd. La Documentation française, p. 780.

billet de trafic	traffic ticket	contravention
billets de saison (pour assister aux parties de hockey)	season tickets	abonnement
billets recevables	bills receivable	effets à recevoir
blâmer sur: « il blâme ça sur moi »	to blame sth. on s.o.	blâmer qn de qch., imputer qch. à qn, rejeter la faute, la responsabilité de qch. sur qn
bloc à appartements	apartment block	immeuble d'habitation, immeuble résidentiel
bois de pulpe	pulpwood	bois à pâte, bois de papeterie
bois de rose	rosewood	palissandre

boîte à malle	mail box	boîte aux lettres
boîte aux témoins	witness-box	barre des témoins
boîte d'alarme	alarm-box	avertisseur d'incendie
boîte de résonance	sound box	caisse de résonance
boni du coût de la vie	cost-of-living bonus	prime de vie chère *, indemnité de cherté de vie *

* Selon Bibl. 18.

brique à feu	fire brick	brique réfractaire
bureau-chef	head office	siège social; bureau principal *

* S'il s'agit simplement de l'établissement où s'exerce une certaine autorité administrative ou technique régionale.

Bureau de Santé	Board of Health	Conseil de salubrité
Bureau de systèmes et procédures	Systems and Procedures Bureau	Bureau des méthodes
bureau des directeurs	Board of Directors	conseil d'administration
Bureau du revenu	Revenue Office	Bureau de perception
capital: se faire du capital politique avec qch.	to make political capital out of sth.	utiliser qch. pour favoriser ses intérêts politiques, exploiter qch. à des fins politiques
c'est un cas mental	he's a mental case	un déséquilibré mental, un cinglé; un aliéné, un cas de maladie mentale
casser égal (de la part d'une entreprise)	to break even (pop.)	faire ni profit ni perte, rentrer dans ses fonds
centre d'achat	shopping centre	centre commercial
chambre de bain	bath-room	salle de bains

chambre des joueurs (de   players' room   vestiaire
hockey)

chambre simple, chambre   single bedroom, dou-   chambre à une, à deux
double   ble bedroom   personnes *

* Cf. les publications du Comité de tourisme de Paris.

la partie défenderesse se change of venue   distraction de juridiction,
propose de demander un   renvoi devant une autre
changement de venue   cour

changer pour le mieux,   to change for the   changer en mieux, s'amé-
pour le pire   better, the worse   liorer, changer en pire,
                                                      empirer

chanson-thème (d'un film, theme song   mélodie principale;
d'une opérette)   leitmotiv (fragment mélo-
                                                      dique qui revient à plu-
                                                      sieurs reprises pour mar-
                                                      quer un état d'âme)

char à fret   freight-car   wagon à marchandises

char à malle   mail-car   wagon-poste

char à passagers   passenger car   voiture de voyageurs

char-dortoir   sleeping-car   wagon-lit, voiture-lit

char-palais   palace car   voiture de luxe

char-parloir   parlour car   voiture-salon

charbon dur;   hard coal;   houille maigre, anthracite;
charbon mou   soft coal   houille grasse

charge du juge   judge's charge   résumé des débats, exposé
                                                      du juge au jury (?)

il y a une charge extra   an extra charge   un supplément (de prix),
pour ce service   des frais supplémentaires

charges postales   postal charges   frais de port

charrue à neige	snow-plow	chasse-neige
chemise **T**	**T-shirt**	gilet (de peau) à manches courtes, maillot
chèques de voyageurs	traveller's cheques	chèques de voyage
cheval de mer	sea-horse	hippocampe, cheval marin
chiquer la guenille	to chew the rag	ronchonner, bougonner
ciné-caméra	cine-camera	caméra
clinique de donneurs de sang	blood donor clinic	collecte de sang *, centre de transfusion sanguine **

* Cf. R. de Chantal, *La parole est d'or*, 16-1-65.
** Cf. *Télémagazine*, n° 138 (d'après Bibl. 18).

club de nuit	**night-club**	boîte de nuit
club-ferme (hockey)	**farm-club**	club d'aspirants *, club-école *

* Cf. Bibl. 18.

code criminel	criminal code	code pénal, code d'instruction criminelle
coffre à gants, compartiment à gants	gloves compartment	vide-poches *

* D'après les notices de la société Renault.

combat à finir	fight to a finish	combat décisif *

* Cf. Bibl. 18.

comité conjoint (représentant employeurs et salariés)	joint committee	commission paritaire
comité exécutif d'un syndicat	executive committee	comité directeur

commission, comité des Voies et moyens (d'un organisme social; du Parlement)	committee of Ways and Means	comité des méthodes de financement (?); **Commission du Budget ***, **Commission des ressources financières** (?)

* Selon le dictionnaire Harrap.

commission des liqueurs	Liquor Board	**Régie des boissons alcooliques; bureau, magasin de la Régie**
compagnie de finance	finance company	**société de crédit**
comptes payables; comptes recevables	accounts payable; accounts receivable	**dettes passives, comptes à acquitter; dettes actives, comptes à percevoir**
conditions de contrat	conditions of contract	**cahier des charges**
notre conférencier invité	our guest lecturer	**conférencier**
confesser jugement; confession de jugement	to confess judgment; confession of judgment	**reconnaître les droits du demandeur, faire un aveu; reconnaissance des droits du demandeur, reconnaissance de droits, aveu**

Nota: Cf. Bibl. 7.

connaître mieux: « i' connaît pas mieux », « voyons, tu connais mieux que ça »	he doesn't know better, you know better	**il n'est pas plus fin, tu es plus sensé, mieux avisé, plus gentil, mieux éduqué que ça**
conseil de ville (A.A.)	city council	**conseil municipal**
conseil exécutif	executive council	**conseil des ministres**
conseiller d'orientation	guidance counsellor	**orienteur (professionnel)**
convention de leadership	leadership convention	**congrès d'investiture**

convention de nomination (pour désigner le candidat d'un parti dans une circonscription)	nomination convention	assemblée de mise en candidature * (?), congrès électoral **, assemblée d'investiture (?)

 * Expression employée par certains journalistes canadiens-français.
** Cf. Bibl. 7.

convention-maîtresse (syndicalisme)	master agreement	convention de base *

 * Selon Bibl. 6.

coton à fromage	cheese-cloth	étamine (pour les usages ménagers), gaze (en chirurgie, pour faire des pansements)

course sous harnais	harness race	course attelée *

 * Selon Bibl. 18.

crédit aux consommateurs	consumer credit	crédit de consommation *

 * Cf. le *Grand Larousse encyclopédique*.

crème de blé	cream of wheat	semoule (de blé)
cuiller à thé	teaspoon	cuiller à café, cuiller à moka, petite cuiller
date finale d'un paiement	final date	date limite, terme fatal, échéance
dégager des nouveaux crédits pour la construction d'hôpitaux	to release additional funds for	engager dans, consacrer à
demander une question	to ask a question	poser une question, demander quelque chose
les dépenses capitales de la compagnie se chiffrent à	the capital expenditures	les (dépenses en) immobilisations; les frais d'équipement
dépenses de voyage	travelling expenses	frais de déplacement

dépenses incidentes	incident expenses	menus frais, dépenses accessoires
député-protonotaire	deputy-protonotary	protonotaire adjoint (?), vice-protonotaire (?), sous-protonotaire (?), notaire judiciaire *

* Le vocable *protonotaire* semble un résidu de la terminologie administrative et juridique du moyen âge. De nos jours, il faudrait sans doute employer un autre terme. Si, toutefois, on conserve celui de protonotaire, les adjoints de cet officier public pourraient s'appeler *notaires,* ou, pour éviter toute confusion, *notaires judiciaires.* Quoi qu'il en soit, il n'y a pas d'exemple, en français, où *député* s'adjoigne à un autre mot pour former un nom composé.

député-registrateur	deputy-registrator	adjoint au conservateur des hypothèques (?)
dette fondée	funded debt	fonds consolidés
dette préférentielle	preferential debt	créance privilégiée
ce règlement va devenir effectif le 5 mai	to become effective	entrer en vigueur
dîner à la dinde	turkey dinner	dinde rôtie, plat de dinde (garni)
donner de la merde à	to give shit to	réprimander avec mauvaise humeur, engueuler (pop.)
donner franc-jeu	to give fair-play	laisser les coudées franches
donner le diable à	to give the devil to, to give hell to	réprimander, tancer (littéraire), semoncer
échelle à extension	extension ladder	échelle à coulisse
école de réforme	reform-school	maison de correction

écrire pour des renseignements	to write for information	demander des renseignements par écrit, écrire pour demander des renseignements
effets sonores (à la télévision)	sound effects	bruitage
c'est l'éléphant blanc	white elephant	cadeau encombrant et inutile; acquisition coûteuse et inutile
enfant de chienne	son of a bitch	qualificatif: salaud; juron: nom d'un chien!
escalier de derrière	backstairs	escalier de service; escalier dérobé
escalier en spirale	spiral stairs	escalier en colimaçon
espace de bureau à louer	office space to let	(locaux de) bureau
être anxieux de revoir son amie	to be anxious to	avoir très hâte de, être impatient de

Nota: L'anxiété marque non seulement le désir, l'impatience, mais en même temps l'inquiétude, l'appréhension.

être à son meilleur dans tel domaine, tel jour	to be at one's best	exceller; être le mieux en forme, être au mieux
être changé à (« ce numéro est changé à 872 »)	to be changed to	avoir été remplacé par, être changé pour
être d'opinion que	to be of opinion that	être d'avis, estimer
être dû à: c'était dû à venir	it was due to come	ça devait venir, c'était appelé à venir
être en session	to be in session	tenir séance, siéger
être hors d'ordre (ass. dél.)	to be out of order	enfreindre le règlement

être sous l'impression qu'un malheur est arrivé	to be under the impression	avoir l'impression
faillite frauduleuse	fraudulent bankruptcy	banqueroute
faire ami avec qn	to make friends with s.o.	se lier d'amitié, devenir ami
faire application	to make application	postuler un emploi, offrir ses services, poser sa candidature, faire une demande d'emploi; faire la demande (d'une subvention, de crédits)
faire de fausses représentations	to make false representations	déguiser la vérité, tromper; présenter de faux arguments
faire du bon à qn	to make good to s.o.	accorder un rabais, une réduction de prix, un prix de faveur
faire face à la musique	to face the music	affronter la situation
faire son point	to make one's point	démontrer qu'on a raison
faire un fou de soi	to make a fool of oneself	se rendre ridicule, agir en insensé
feuille de balance	balance sheet	bilan
feuille de temps	time sheet	feuille de présence
Fleurs Harvey	Harvey Flowers	Harvey, fleuriste
foie de jeune bœuf	baby beef liver	foie de veau
fonds de pension	pension fund	caisse de retraite
fonds pour contingences	contingent funds	fonds de prévoyance

force constabulaire	**constabulary force**	corps de police, corps policier

force ouvrière	**labour force**	population active *

* A noter que cette expression englobe, tout comme *labour force,* les chômeurs. Il faut entendre ici *active* dans le sens de « qui est capable d'activité » (le Petit Robert).

frapper un nœud	**to hit a knot**	rencontrer un obstacle, se casser le nez (pop.)
frein à bras	**arm-brake**	frein à main
garder un œil sur	**to keep an eye on**	avoir l'œil sur, surveiller, avoir, tenir à l'œil
gâteau-éponge	**sponge-cake**	gâteau de Savoie, gâteau mousseline
gazette officielle du Québec, du Canada	**official gazette**	journal officiel
gérant des ventes	**sales manager**	directeur commercial
faire installer le **gros filage**	the **heavy wiring**	le **courant-force,** le **circuit-force,** la **force** (fam.)

Nota: Cf. Bibl. 18.

habit à queue	**tail-coat**	habit
horloge grand-père	**grandfather clock**	horloge de parquet
huile à chauffage, **huile à fournaise**	**fuel oil,** **furnace oil**	mazout

Nota: « Les huiles de pétrole utilisées comme combustibles (voir **gazoline**) sont toutes désignées aujourd'hui par le terme *mazout* (le *t* final du mot est sonore). Les seuls produits obtenus par le raffinage du pétrole qui portent de nos jours le nom d'*huile* sont les huiles lubrifiantes: *huile à graisser, huile de moteur* (voir **automobile**), *huile de coupe,* etc. » (Bibl. 7, p. 357). Toutefois, le Petit Robert donne « huile de lampe » et « lampe à huile », et ce produit n'est certes pas une huile lubrifiante, ni, cependant, un combustible (corps utilisé pour produire de la chaleur).

huile de castor	castor oil	huile de ricin
huile de charbon	coal oil	pétrole
idée: il faut se faire une idée, laissons-la faire son idée	to make up one's mind	prendre une décision, se décider

ingénieur professionnel · professional engineer · ingénieur

Nota: Il n'existe pas plus d'ingénieurs amateurs que de médecins amateurs. Le qualificatif de professionnel n'ajoute donc rien ici. Si on spécifie *professional* en anglais, c'est sans doute pour distinguer le sens de mécanicien qu'a *engineer* de celui d'ingénieur.

ingénieur résident	resident engineer	ingénieur en résidence; ingénieur des travaux
ingénieur stationnaire	stationary engineman	mécanicien de machines fixes
inventaire de plancher (stocks en magasin, par oppos. aux stocks en entrepôt) * Cf. Bibl. 18.	floor inventory	stocks courants *
Association des jardiniers-maraîchers	market-gardener	maraîcher
jouer les deux positions (au hockey)	to play both positions	jouer à l'aile gauche et à l'aile droite, aux deux ailes
jouer les seconds violons	to play second fiddle	jouer un rôle secondaire, de second plan; faire office de sous-fifre
jour de fermeture de la soumission	the day the tender closes	dernier jour de la présentation des soumissions, date limite (fixée) pour la présentation des soumissions

jour de nomination	nomination day	jour de la présentation des candidats *, jour des déclarations de candidature *, jour des mises en candidature *

* Cf. Bibl. 18.

le jour du Souvenir	Remembrance Day	l'Armistice
S.V.P. me **laisser avoir** une copie du règlement 5	please let me have	procurer
voudriez-vous me le **laisser savoir**	let me know	faire savoir, avertir de

ligne:		
ouvrir la ligne;	to open the line;	décrocher;
fermer la ligne;	to close the line;	raccrocher;
être sur la ligne	to be on the line	être à l'écoute, occuper la ligne

ligne d'assemblage	assembly line	chaîne de montage
limite à **bois** de la compagnie X	timber limit	concession forestière
lit simple;	single bed;	lit à une place, lit pour une personne, petit lit;
lit double	double bed	lit à deux places, lit pour deux personnes, grand lit
livraison postale	postal delivery	distribution du courrier
livre des minutes	minute book	registre des procès-verbaux
long-jeu	long play	microsillon (a.s.d. disques d'électrophone); (enregistrement de) longue durée (a.s.d. bandes magnétiques)
longue-distance	long distance	interurbain

magasin à rayons	department store	grand magasin
je m'en vais à ma **maison de pension**	boarding house	pension
manuel de service	service manual	guide d'entretien
marchandise sèche	dry goods	nouveautés, mercerie
marché à viande	meat market	boucherie
mener * **le diable**	to raise the devil, to raise hell	faire un boucan, faire du train (vieilli), faire du chambard

* Verbe sans doute inspiré du modèle « mener du bruit », qui est français.

mépris de cour	contempt of court	outrage au tribunal, offense aux magistrats, outrage à magistrat
mettre une question au **vote**	to put to the vote	mettre aux voix
mettre la pédale douce	to put the soft pedal	y aller doucement; mettre une sourdine (e.g. à ses protestations)
mettre l'épaule à la roue	to put one's shoulder to the wheel	pousser à la roue
ministère de la Production de défense	Department of Defence Production	ministère des Armements
ministère des Affaires des anciens combattants	Department of Veterans Affairs	ministère des Anciens combattants
les **minutes du procès** ne sont pas encore prêtes	the **minutes of the trial**	la transcription des témoignages
monter sur le banc	to get on the bench	entrer dans la magistrature
moulin à papier	paper-mill	usine de papier, papeterie

moulin à scie	saw-mill	scierie
musique à bouche	mouth-organ	harmonica
musique en feuilles	sheet music	musique écrite, cahiers de musique
n'être pas tout là: i' est pas tout là aujourd'hui	he is not all there	il n'a pas toute sa tête, il est un peu timbré
notice: ils lui donnent une semaine de notice	they give him a week's notice	ses huit jours
immeuble situé au numéro civique 520 de la rue X	civic number	numéro
offense contre les lois de la sécurité routière	offence against the law	infraction aux
offense mineure	minor offence	(simple) contravention
officier rapporteur; sous-officier rapporteur	returning officer; deputy returning officer	président d'élection *; scrutateur **

* Selon Bibl. 19.
** Selon Bibl. 18.

les officiers seniors de la Cie	senior officers	membres de la Direction
le bureau X désire une opinion légale	legal opinion	consultation juridique, avis juridique
faire qch. par ordre de la cour	order of the Court	par autorité de justice, en vertu d'une injonction du tribunal, une ordonnance judiciaire, un jugement
ordre en conseil	order in council	arrêté (ministériel) *; décret(-loi) **

* Émanant d'un ministère.
** Pris par le conseil des ministres.

pain brun	brown bread	pain bis, pain de son
une paire de pantalons *	a pair of pants	un pantalon

* Selon Bibl. 16, s'emploie en Lyonnais, en Normandie et en Suisse.

papier de toilette	toilet paper	papier hygiénique
papier indien	India paper	papier de Chine
papier oignon	onion skin paper	papier pelure
papier sablé	sand-paper	papier de verre, papier verré, papier d'émeri
parc d'amusement	amusement park	parc d'attractions
parler à travers son chapeau	to talk through one's hat	parler sans connaissance de cause, ne pas savoir ce qu'on dit, parler à tort et à travers
ces chiffres ne révèlent qu'une partie de l'histoire	only a part of the story	un aspect de la question, de la situation
partie d'huîtres	oyster party	dégustation d'huîtres *

* Cf. Bibl. 18.

passer le chapeau	to pass the hat	faire une collecte
pastilles pour la toux	cough drops	pastilles pour la gorge, pastilles pectorales
patates sucrées	sweet potatoes	patates
paver la voie aux discussions	to pave the way to	préparer le terrain à, ouvrir la voie à
payer une visite à qn	to pay a visit	rendre visite, faire une visite
pédale à gaz	gas pedal	(pédale d')accélérateur

peines et souffrances (subies par le plaignant)	pains and sufferings	douleurs physiques et morales
il faut voir la **personne en charge**	the **person in charge**	le **préposé**, le **responsable**
cet appareil fonctionne sur le **petit filage** * Cf. Bibl. 18.	light wiring	courant-éclairage *, circuit-éclairage *
pic-bois	wood pecker	pivert, pic-vert; pic (de tout genre)
le magasin X vous offre des **pièces d'ameublement** de tous les genres	piece of furniture	meuble; élément de mobilier
concours, exercices de **piste et pelouse** * Selon Bibl. 18.	track and field	athlétisme *
plan conjoint (fédéral-provincial)	joint plan	programme mixte, programme à frais partagés, entreprise à participation
plan de pensions	pension plan	régime de retraite
plancher: avoir le **plancher**, prendre le **plancher**, revenir sur le **plancher**	to have the floor, take the floor, return on the floor	avoir la parole, prendre la parole, reprendre la parole
plume-fontaine	fountain-pen	stylo(graphe)
police montée	mounted police	gendarmerie canadienne
poulet dans le panier	chicken in the basket	poulet frit à la Kentucky *

* Cf. l'Office de la langue française du Québec, ouvrage cité en 7.1.4.1.

pouvoir d'eau	water-power	force hydraulique
premier nom	first name	nom de baptême, prénom

prendre action	to take action	prendre une initiative, prendre des mesures
prendre action contre qn; prendre une action contre qn	to take action against s.o.; to bring an action against s.o.	aller en justice, faire, engager des poursuites contre qn, poursuivre, citer qn en justice; intenter une action, un procès à, contre qn, exercer des poursuites contre qn
prendre avis du troisième paragraphe du règlement	to take notice of	prendre connaissance
prendre ça aisé	to take it easy	ne pas s'en faire; en prendre à son aise, prendre son temps; se la couler douce
prendre charge de	to take charge of	prendre en charge, prendre à sa charge, se charger de
prendre des chances	to take chances	courir des risques, prendre des risques
prendre des procédures contre	to take proceedings against	intenter un procès à, poursuivre (en justice), entamer une action (en justice) contre, intenter, engager des poursuites, une instance contre, exercer des poursuites, agir contre, engager, intenter, introduire, entamer une procédure contre
prendre la parole de	to take s.o.'s word	se fier à la parole de, s'en rapporter à
prendre la part de	to take s.o.'s part	prendre la défense de, le parti de; prendre fait et cause pour

prendre le vote	to take the vote	procéder au scrutin, voter, faire voter
prendre offense de (ce sans-gêne, des grivoiseries de qn)	to take offence from	se formaliser de
prendre pour acquis	to take for granted	tenir pour acquis; admettre au départ, poser en principe
prendre son biscuit (à l'examen, aux élections)	to take one's biscuit	subir un échec, recevoir une leçon
je vais prendre une chance	I'll take a chance	tenter quand même, courir le risque; tenter la chance
prendre une marche	to take a walk	faire une promenade, faire une petite marche
prix de liste	list price	prix courant, prix fixe, prix marqué
pro-maire	pro-mayor	maire suppléant
question de privilège (ass. dél.) * Cf. Bibl. 19.	question of personal privilege	explication sur un fait personnel *
rapporter progrès	to report progress	exposer l'état de la question; clore les débats, lever la séance
Rapports judiciaires	Law Reports	Répertoire, Recueil d'arrêts judiciaires, de jurisprudence

Nota: Cf. les dictionnaires Harrap et Petit Robert.

| subir un rayon X | X-ray (examination) | examen radiographique, radiographie |

regarder pour: je **regarde pour** mon cha- peau	I am **looking for** my hat	je **regarde pour trouver** mon chapeau, je **cherche** mon chapeau, je regarde si mon chapeau est là
représentant des ventes * Cf. Bibl. 18.	sales representative	**représentant** (de commer- ce) *
résidence funéraire	funeral home	**maison mortuaire**
rester sur la clôture	to sit on the fence	**réserver son opinion, res- ter neutre; tarder à se dé- cider**
ça devait **résulter en** un échec	to **result in** a failure	ça devait **aboutir à** un échec, il devait **en résulter** un échec
retourner l'appel (télépho- ne): « C'est M. X qui re- tourne l'appel »	to return the call	**rappeler, rendre l'appel** (?)
salle: **une bonne salle**	a good house	**une assistance nombreuse, satisfaisante**
salle à dîner	dining-room	**salle à manger**
sauce aux pommes	apple sauce	**marmelade de pommes**
scie à chaîne * Cf. Harrap et Robert.	chain-saw	**scie articulée** *, scie à chaî- nette *
se darder sur qn, qch.	to dart upon	**se précipiter, foncer**
sentence suspendue	suspended sentence	**condamnation avec sursis**
service civil	civil service	**fonction publique**
siège de première classe	first class seat	**place de première**
siège-parloir (de train)	parlour-seat	**fauteuil de voiture-salon, fauteuil de première**

siège pliant	folding seat	strapontin
s'objecter (à un procédé, à un projet)	to object	s'opposer
socialisme d'État	State socialism	étatisme, socialisme
soda à pâte	baking soda	bicarbonate de soude
soulever un point d'ordre (ass. dél.)	to rise to a point of order	se lever pour demander le rappel à l'ordre; invoquer le règlement, faire appel au règlement
souliers: j'voudrais pas être dans ses souliers	I should not like to be in his shoes	être à sa place
sous-contracteur	subcontractor	sous-traitant, sous-entre- preneur
sous-ministre des Finances, du Commerce, etc.	deputy-minister	secrétaire général du mi- nistère
station de feu	fire-station	poste de pompiers
station de gaz	gas station	poste d'essence
je veux deux livres de sucre blanc	white sugar	sucre
ajouter une demi-tasse de sucre brun	brown sugar	cassonade
table à cartes	card-table	table de jeu
table à extension	extension table	table à rallonge
tapis mur à mur	wall to wall carpet	tapis plein-parquet, moquette

Nota: Cf. Bibl. 18.

taxe d'amusement	amusement tax	taxe sur les spectacles
taxe de vente	sales tax	taxe sur les ventes
le téléphone à cadran	the dial-telephone	le téléphone automatique, l'automatique *

* Cf. Bibl. 8.

terme d'office	term of office	période d'activité; mandat
termes de référence d'un organisme, d'une commission	terms of reference	attributions, mandat
termes et conditions (d'une entente, de la mise en valeur de qch.; d'un contrat)	terms and conditions	conditions (et modalités); stipulations
tomber dû (billet)	to fall due	échoir, arriver à échéance
train local	local train	train omnibus
travailleur du métal en feuilles	sheet-metal worker	tôlier
travailleur social, travailleuse sociale	social worker	assistant(e) social(e) *

* Cf. *Classification internationale type des professions, International Standard Classification of Occupations,* Bureau international du travail, Genève, 1962.

une demie de 1 p. 100	one half of 1 per cent	1/2 p. 100
unité de négociation	bargaining unit	groupe négociateur *

* Cf. le Comité de linguistique de Radio-Canada, *Petit vocabulaire du travail et du syndicalisme.*

vanne à bagages	luggage-van	fourgon
la loi des **véhicules-moteur**	motor vehicles	voitures automobiles, véhicules à traction automotrice

vente d'écoulement	clearance sale	liquidation; réalisation du stock

voici la répartition du **vote**   popular vote   **vote, suffrages exprimés,**
populaire, d'après la Pres-   **vote national**
se canadienne
Nota: L'expression « vote populaire » ne se justifie qu'au sujet des élections
américaines, où, à part le "popular vote", il y a aussi l' "electoral vote".

vraie copie	true copy	copie conforme

wagon-patrouille	patrol-wagon	voiture cellulaire, panier à salade (fam.)

7.1.1.2. MÉTALINGUISTIQUES

Nous avons déjà défini l'anglicisme métalinguistique comme « un fait de
langue imposé par une réalité particulière à l'endroit géographique ». Or il
est parfois difficile de déterminer si le terme, ou l'expression, est vraiment
imposé, parce qu'il est difficile de déterminer si la réalité est vraiment particulière à notre pays. Nous trouvons qu'il faut plutôt se demander **dans quelle**
mesure l'appellation est imposée, ou **dans quelle mesure** la réalité est particulière à notre groupe national. Au Canada, nous avons des expressions tra-
duites littéralement de l'anglais et correspondant à des réalités qui ont leurs
équivalents dans les pays de la communauté française, mais pour lesquelles
certaines conditions très importantes commandent des appellations différentes
des appellations françaises. Une de ces conditions, par exemple, et la principale à l'égard de notre échantillon, c'est le caractère monarchique de la
constitution canadienne. On conçoit facilement qu'un grand nombre d'institutions politiques et administratives soient marquées, dans leur désignation, par
ce caractère du sommet de l'organisation à laquelle elles appartiennent, sommet
dont elles dépendent et qui est la source de leur autorité. Cette « marque »,
qui est de provenance anglo-saxonne, est donc plus ou moins nécessaire, même
si les institutions ainsi marquées dans leur appellation ne sont pas exclusives à
la civilisation dont elles tiennent l'appellation en question. Mais il ne s'agit
tout de même pas d'anglicismes métalinguistiques au sens strict puisque ces
désignations ont leurs correspondants originaux dans la terminologie authentiquement française. Pour indiquer le caractère relatif de leur lien à la réalité
qu'ils désignent, nous les appellerons « anglicismes métalinguistiques relatifs »,
ajoutant aux autres le qualificatif distinctif d'« absolu ».

On s'étonnera peut-être de voir ici des noms d'institutions fédérales vu que notre ouvrage porte sur le Québec seulement, mais il ne faut pas oublier que pour être des institutions canadiennes, ces institutions n'en sont pas moins dénommées au Québec comme ailleurs et que, par conséquent, les anglicismes métalinguistiques qu'elles constituent sont employés aussi — et surtout — au Québec.

Du point de vue normatif, on notera qu'il ne s'agit pas ici de dénonciations. Certaines des expressions consignées sont de bonnes traductions d'institutions que nous tenons des Britanniques. Nous ne les en donnons pas moins, puisque nous avons entrepris de décrire l'aspect métalinguistique, ce mot n'étant justement pas un terme de la linguistique normative.

7.1.1.2.1 ABSOLUS

arrêt-court (au base-ball) — **short-stop** — **bloqueur** *
* D'après Bibl. 4.

assemblée législative (de l'Ontario, du Québec) — **Legislative Assembly**

blanc-mange — blanc-mange
Nota: Ce mets, au Canada français, est identique au *blanc-mange* anglais, mais diffère beaucoup du blanc-manger français (voir Bibl. 7).

Cantons de l'Est — Eastern Townships
Nota: Nous donnons cette expression comme anglicisme métalinguistique parce qu'elle est une traduction et n'a pas son équivalent dans les autres pays de la francophonie, mais nous ne trouvons rien de répréhensible dans cette traduction. Le mot *Estrie* serait aussi, de toute façon, une traduction.

collets-blancs — white collars — « cols-blancs », travailleurs intellectuels
Nota: Les statisticiens nord-américains groupent sous le titre de *white collars* les membres des *managerial, professional, clerical, commercial and financial occupations* (cf. *Occupational Trends in Canada, 1931 to 1961*, Ministère du Travail, 1963). On ne peut donc rendre l'expression par *cadres* ni par *employés de bureau*, comme certains l'ont déjà **suggéré**.

Conseil privé (de Sa Majesté) — (Her Majesty's) Privy Council

conseiller de la reine (C.R.) — Queen's councillor (Q.C.)

cuiller à table — tablespoon * — cuiller à bouche **
  * Unité de mesure propre à l'Amérique et de contenance supérieure à la
  cuiller à soupe.
** Proposé par Bibl. 7.

discours du Trône — speech from the Throne
Nota: Il n'y a rien, dans le parlementarisme français, qui équivaille à notre
  speech from the Throne. Lorsque le Président du Conseil, à l'ouverture de la session, parle, il n'énonce pas le programme du gouvernement. Il peut faire connaître d'avance la politique ministérielle, mais
  en d'autres temps et souvent en plusieurs discours.

été des Indiens — Indian summer
Nota: L'été de la Saint-Martin ne correspond pas, au point de vue des dates,
  à notre « été des Indiens ».

gâteau des anges — angel cake — sorte de gâteau très proche du gâteau de
Savoie

Gentilhomme huissier de la verge noire — Gentleman Usher of the Black Rod

Gouverneur général — Governor General — vice-roi général (?), vice-roi, vice-
roi fédéral (?)
Nota: *gouverneur général* ne peut désigner, en français, qu'un homme qui,
  dans un ensemble de colonies, concentrerait entre ses mains certains
  pouvoirs réels auprès des provinces.

jour de l'Action de grâce — Thanksgiving Day

Lieutenant-Gouverneur — Lieutenant-Governor — vice-roi, vice-roi délégué *
  * Proposé par Bibl. 7, pour le cas où l'on appellerait *vice-roi* tout court le
  « Gouverneur général ».
Nota: Nos « lieutenants-gouverneurs » provinciaux ne sont pas des **lieute-
  nants** du « gouverneur général » d'Ottawa, parce qu'ils ne dépendent
  pas de lui, ni ne le secondent, ni ne le remplacent; et ils ne **gouver-
  nent** en rien, tout comme lui.

liqueurs douces — soft drinks — boissons gazeuses, boissons non alcoolisées

ministère de la Consommation et des Corporations — Department of Consumer and Corporate Affairs

ministère de la Main-d'œuvre et de l'Immigration — Department of Manpower and Immigration
Nota: Les attributions de ce ministère, en ce qui concerne l'immigration, relèvent en France du ministère de l'intérieur; en ce qui concerne la main-d'œuvre, il est à remarquer que le dernier cabinet Pompidou comprenait un ministre d'État aux affaires sociales et un secrétaire d'État aux affaires sociales, chargé de l'emploi.

ministère de la Santé nationale et du Bien-être social — Department of National Health and Social Welfare
Nota: On parle en France de sécurité sociale et non de bien-être; ce domaine est rattaché au travail et il y a tout lieu de croire que c'est le ministère des affaires sociales qui s'occupe maintenant de ces questions.

ministère de l'Énergie, des Mines et des Ressources * — Department of Energy, Mines and Resources
* Traduction littérale de *resources,* qui suffit en anglais pour exprimer la notion de **ressources naturelles.**
Nota: L'aspect « énergie » de ce ministère se rangerait probablement, en France, sous le ministère de la recherche scientifique et des questions atomiques et spatiales. Quant aux autres aspects du ministère canadien en question, tout comme les fonctions des autres ministères qui n'ont pas leur correspondant en France, ils sont confiés dans ce pays à des directions, à l'intérieur d'autres ministères.

ministère de l'Expansion économique régionale — Department of Regional Economic Expansion — ministère de l'Aménagement du territoire (?)

ministère des Pêcheries * — Department of Fisheries
* Il faudrait dire tout au moins *ministère de la Pêche* ou *ministère des Pêches maritimes.*

ministère des Travaux publics — Department of Public Works
Nota: A consulter les listes publiées par les journaux français et donnant
la composition des cabinets qui se sont succédé en France depuis deux
ans, on déduit que les fonctions du ministère susmentionné sont englo-
bées en France dans le ministère de l'équipement et du logement. Si
l'on se fie à ces listes censées complètes, on conclut que le *ministère
des Travaux publics et des Transports* n'existe plus.

ministère du Revenu national — Department of National Revenue

ministère du Travail — Department of Labour
Nota: Voir la note, plus haut, au sujet du ministère de la Santé nationale et
du Bien-être social.

secrétaire d'État — Secretary of State
Nota: Cette fonction ne correspond que partiellement au Ministre de l'Intérieur
français.

solliciteur général — Solicitor General — secrétaire d'État à la justice (?) (Il
n'y a pas de ministre aux fonctions correspondantes dans les pays de langue
française.)

**soupe au poulet et aux nouilles — chicken noodle soup — consommé volaille
et pâtes (?)**

tour du chapeau — hat trick
Nota: Il doit sûrement arriver dans le hockey européen aussi qu'un joueur
marque trois buts dans la même partie. Il n'en reste pas moins que
l'« institutionnalisation » de cet exploit est propre aux Anglo-Américains
et qu'il faut bien que les francophones d'Amérique dénomment cet exploit « institutionnalisé » pour lequel il n'y a pas d'appellation dans le
français européen. On est donc bien en présence d'un anglicisme métalinguistique.

On aura remarqué qu'un certain nombre de nos anglicismes métalinguistiques sont d'origine anglo-canadienne.

7.1.1.2.2 RELATIFS

avocat de la Couronne — Crown lawyer — avocat du Gouvernement

Chambre des communes — House of Commons — Chambre des députés

commission royale (d'enquête) — Royal Commission (of Inquiry) — commission (officielle) d'enquête

cour criminelle — criminal court — cour d'assises
Nota: Nous plaçons cet article et les huit suivants parmi les anglicismes métalinguistiques relatifs parce que, même si l'ensemble de notre appareil judiciaire se retrouve, quant à sa substance, en France, le découpage des attributions et des juridictions n'est pas le même et il serait donc difficile que les appellations fussent les mêmes. Aussi les équivalences que nous posons ne sont-elles, de fait, qu'approximatives.

Cour de l'Échiquier — Court of the Exchequer — Cour des comptes

Cour de magistrat * — Magistrate's Court — Tribunal d'Instance
* Le nom officiel de cette cour, depuis quelque temps, est Cour provinciale.

Cour du Banc de la Reine (matière civile) — Court of Queen's Bench — Cour d'appel

Cour du Banc de la Reine (matière criminelle) — Court of Queen's Bench — tribunal de jugement *
* Cette équivalence n'est pas un nom officiel (elle nous a semblé plutôt un simple qualificatif, d'après Bibl. 14) car il n'en existe pas pour désigner les tribunaux qui président aux diverses phases de l'audition en matière criminelle.

cour juvénile — juvenile court — tribunal pour enfants et adolescents, tribunal pour mineurs (?)

cour municipale — municipal court — tribunal de police

Cour supérieure — Superior Court — Tribunal de Grande Instance

Cour suprême — Supreme Court — Cour de cassation

Gendarmerie royale — Royal Canadian Mounted Police — Gendarmerie canadienne

la loi doit recevoir la sanction du **Gouverneur général en conseil, du Lieute-nant-Gouverneur en conseil** — of the **Governor General in Council, of the Lieutenant-Governor in Council** — du **Conseil des ministres**

Imprimeur de la Reine — **Queen's Printer** — **Éditeur du Gouvernement** (?)

ministère des Affaires extérieures — **Department of External Affairs** — **ministère des affaires étrangères**
Nota: Ces termes d'*external* et d'*extérieures,* plutôt que *foreign* et *étrangères,* ont été choisis consciemment, en considération de l'appartenance du Canada au Commonwealth et, sans doute, pour ne pas manifester trop d'indépendance vis-à-vis du gouvernement de Londres.

ministre associé de la Défense — **Associate Minister of National Defence** — **secrétaire d'État à la Défense**

le secrétaire d'État aux Affaires extérieures — the **Secretary of State for External Affairs** — le **ministre des affaires étrangères**

société de la Couronne — **Crown corporation** — **entreprise d'État, société d'État**

témoin de la Couronne — **Crown witness** — **témoin à charge**

terres de la Couronne — **Crown lands** — **domaines de l'État, terres domaniales**

7.1.2 LOCUTIONS EXISTANT DANS UN AUTRE SENS

bien faire: « il a bien fait   **to do well**   réussir
dans ses études l'an der-
nier »

chambre de commerce   **board of trade**   **chambre économique**
Nota: chambre de commerce = « **assemblée** formée de commerçants et d'indus-triels **élus, chargés** de donner aux pouvoirs publics des avis sur les ques-tions industrielles et commerciales. » *(Dictionnaire usuel Quillet-Flamma-rion)*

coupe-vent   **wind-breaker**   blouson

disposer de (une affaire; une question; un stock; un objet inutile; une objection; un adversaire, au sport)	**to dispose of**	régler; trancher, régler; se défaire de, écouler, liquider; se débarrasser de, détruire; réfuter; vaincre, battre

Nota: *disposer de* veut dire avoir à sa disposition ou faire ce qu'on veut de (« disposez-en comme bon vous semble »).

tout travail... devra **être couvert par** une réquisition de travail	shall **be covered by**	faire **l'objet** d'une demande de travaux

être dû: l'avion, le train **est dû** à 7 heures	**is due**	**doit arriver, est attendu**

être le sujet de: ces articles **seront le sujet** d'une autre réquisition	these items will be the subject of another requisition	**feront l'objet** d'une autre demande

être sûr que: avant de procéder, **soyez sûr que**	**be sure that**	**assurez-vous que**

Nota: Les formules suivantes seraient logiques, bien qu'elles rendent plutôt une autre idée: « en procédant, au moment de procéder, soyez sûr que » (c.-à-d. dites-vous que, ne doutez pas que).

joint universel	**universal joint**	**articulation à rotule** *, **joint de cardan** **

* Selon Bibl. 20.
** Selon Bibl. 19.
Nota: « *Joint universel,* mécanisme pour transmettre les mouvements à un arbre coudé » *(Dictionnaire usuel Quillet-Flammarion).*

lettre morte	**dead-letter**	**lettre en rebut**

liste des prix	**price list**	**prix-courant, tarif**

c'est toujours un **mal de tête** que de démêler ça	it's a **headache**	**problème récalcitrant, casse-tête**

n'être pas dedans: « t'es pas dedans, i'est pas dedans »	he's not in it	il n'y est pas, il en est loin

placer devant: ces faits ont été placés pour considération devant les membres de la Commission X	these facts were put... before	ces faits ont été soumis aux

si vous désirez prendre avantage de ces exemptions	to take advantage of	profiter, se prévaloir de

Nota: *prendre avantage de* se dit de l'action de profiter d'un fait qui nous place en situation de supériorité par rapport à une autre personne; ex.: « Je ne veux pas prendre avantage de votre distraction pour vous confondre » (Abel Hermant, cité par Bibl. 17).

prendre en considération (une demande, une offre)	to take into consideration	étudier, mettre à l'étude

Nota: *prendre en considération* veut dire tenir compte de.

prendre place: « le défilé de mode prendra place lundi, le 2 mars »	to take place	avoir lieu, se tenir

l'hon. Turner, en sa qualité de procureur général	Attorney General	ministre de la justice

Nota: On sait qu'en français, *procureur général* désigne un magistrat supérieur qui exerce les fonctions du ministère public auprès de certaines cours — et qui n'est aucunement ministre.

rappeler à l'ordre (un député)	to call to order	rappeler au règlement

repas réguliers	regular meals	table d'hôte

se gouverner: veuillez vous gouverner en conséquence	please govern yourself accordingly	veuillez agir en conséquence

Nota: Il s'agit de la formule qui termine les avis de procédures judiciaires.

s'identifier: « s'il vous plaît, veuillez vous identifier »	**to identify oneself**	donner son identité, se nommer

B E : « Cet acteur s'identifie avec son personnage. »
      « Ce ne sont pas tous les enfants qui s'identifient à leur père. »
Nota: *identifier* veut dire reconnaître, **trouver** (et non **donner**) l'identité de.

table tournante (d'électro- phone)	**turn-table**	tourne-disque, plateau
voulez-vous tenir la ligne un moment	**hold the line, hold on**	rester à l'appareil, ne pas quitter, attendre
travailler bien: « ça tra- vaille bien, cet outil-là »	**to work well**	être très commode
travailler contre: « ç'a tra- vaillé contre moi, cette af- faire-là »	**to work against**	jouer contre, nuire à

7.1.3 DE STYLE

apprécier que: j'apprécierais que vous me donniez — I would **appreciate that**
— je vous **saurais gré de**

on est **combien loin** de la grand-route? — **how far** — à quelle distance

demeurer inchangé: le service entre l'édifice X et l'édifice Y **demeure inchangé**
— **remains unchanged** — ne subit pas de modifications, reste tel quel

devenir dû (billet, effet de commerce) — **to become due** — échoir

le juge va **donner son jugement** — **give his judgment** — prononcer sa sentence,
rendre son jugement
Nota: On peut pourtant dire en bon français: **donner** sa réponse, **donner** sa
      conférence, **donner** un article à un journal.

être employé: le matériel... sera **employé** à la fabrication de marchandises —
shall be used in the manufacture of goods — **servira** à la fabrication

être fait par: cette recommandation **a été faite par** l'Office de linguistique — this recommendation **was made by** — cette recommandation **émane de**

Veuillez **garder vos sièges,** s'il vous plaît — Please **keep your seat — Veuillez rester assis**

mettre, rendre une porte **à l'épreuve du feu — to make** a door **fire-proof — ignifuger**

en cas de contact avec les yeux, bien les laver et **obtenir des soins médicaux — get medical attention — voir le médecin**

payeur de taxes — tax-payer — contribuable; cochon de payant (péj. et pop.; d'après Bibl. 18)

tout accident entraînant **perte de temps** — all injuries involving **loss of time** — tout accident entraînant une **absence du travail**

je vous **saurai gré** d'être bref — I will **thank you** to be brief — je vous **prierais** d'être bref

y avoir: Il y avait 22 000 conductrices de machines de bureau en 1961 — **There were** 22,000 female office appliance operators in 1961 — **On comptait**

7.1.4. EMPRUNTS INTACTS

A propos des emprunts intacts il s'est posé un problème. Devions-nous considérer ce qu'on appelle traditionnellement les mots composés, tels *blind-date, machine-shop,* comme des mots (et donc des anglicismes lexicaux) ou comme des syntagmes ou locutions? Il est évident qu'il s'agit, dans chaque cas, de deux mots mis ensemble, donc de syntagme; d'ailleurs au point de vue du sens, on voit que *blind-date* dit plus que *date* et que *machine* ajoute quelque chose à l'idée exprimée par *shop.* Y ayant, en quelque sorte, « syntagme d'idées », il est normal de considérer qu'il y a aussi syntagme de termes.

Par contre, on ne voit pas beaucoup, entre des mots comme, d'une part, *hold-up, make-up* et, d'autre part, *defroster, exhaust, overalls,* ce qui fait une différence telle que l'on considère les derniers comme de simples mots et les premiers comme des syntagmes.

D'autre part, il nous a paru illogique de classer, par exemple, *blind-date* parmi les simples lexèmes et *blind pig* parmi les syntagmes, à cause du seul trait d'union, sur l'usage duquel, d'ailleurs, les sujets parlants et même les dictionnaires sont loin de faire l'unanimité, et cela pour la plupart des syntagmes du genre.

Nous avons donc opté pour un moyen terme: nous considérons comme de simples lexèmes les mots dont l'un des éléments composants est un élément minuscule, comme les postpositions *up, off,* etc.; les mots composés autres que ceux-là sont classés parmi les syntagmes.

7.1.4.1 LINGUISTIQUES

air-foam — caoutchouc-mousse

air force — aviation militaire, armée de l'air

answering service — secrétariat pour abonnés absents *, secrétariat téléphonique *
* Cf. Bibl. 7.

baby-sitter — gardien (-ienne) d'enfants, garde-bébé

baby-sitting — garde des bébés, service biberon (fam.), gardiennage

back-hand — (coup de) revers (au tennis); (jeu du) revers (de la main) (au ping-pong)

back-lash — répercussion, rétroaction

back pay — traitement rétroactif, rappel *
* Cf. Bibl. 18.

back-stop — grillage (placé derrière le frappeur, au base-ball)

back-store — arrière-magasin, arrière-boutique, réserve

bad luck — malchance

beef stew — miroton

big shot — huile, grosse légume

black eye — œil poché, œil au beurre (noir)

blind-date — **rendez-vous surprise** (?) (rendez-vous, soirée où l'on ne connaît pas d'avance la personne de l'autre sexe que l'on accompagnera)

blind pig — **débit clandestin; cabaret borgne**

bobby pin — **pince à cheveux**

body-check — **blocage *, bloquer ***
* Cf. le Comité de linguistique de Radio-Canada, *Vocabulaire du hockey.*

boxing day — **l'après-Noël**

broiled steak — **bifteck grillé**

bucket-seat — **siège-baquet**

bus-boy — **aide-serveur**

call-down — **semonce, savon**

chair-lift — **télésiège**

charcoal broiled steak — **grillade de bœuf sur barbecue**

charley horse — **contracture** (Selon Bibl. 18)

chicken fried rice — **riz frit à la Cantonnaise ***
* Cf. *Vocabulaire anglais-français de l'alimentation,* édition provisoire, Office de la langue française du Québec, mars 1968.

clam chowder — **soupe aux lucines ***
* Cf. Office de la langue française du Québec, op. cit.

club steak — **faux-filet ***
* Cf. l'O.L.F., op. cit.

cocktail lounge — **bar-salon, bar**

coffee break — **pause café**

coin-wash — **laverie (automatique)**
Nota: Selon M. Gérard Dagenais (émission « Parlons-nous français? », station radiophonique CKAC), on emploie aussi le mot *lavoir,* en France, mais *laverie* y est beaucoup plus employé.

cole-slaw — salade de chou

cover charge — couvert (dans les restaurants); **prix d'entrée (dans les boîtes de nuit)**

crow-bar — pied-de-biche

curb service — service à l'auto; **restoroute**

dill (pickles) — **cornichons au fenouil**

disk jockey — **présentateur (de disques)**

drive-in restaurant — **restoroute**

finishing touch — **dernière main**

first-aid (post) (pour les skieurs) — **poste de secours, poste de premiers soins**

flash-back — **retour en arrière**

free game — **partie gratuite**

goof balls — **barbituriques**

grilled cheese — **sandwich au fromage grillé** (?), **sandwich doré au fromage** (cf. Bibl. 6)

hamburger steak — **bœuf haché**

hit and run — **délit de fuite**

hit parade — **palmarès (de la chanson)**

juke box — **phono mécanique, phono à sous** (fam.), **boîte à musique** (fam.)

kick-down — **postaccélération** *
* Cf. un guide d'utilisation et d'entretien de la société Peugeot.

layer-cake — **gâteau sandwich** *, **gâteau à étages** **, **pavé** **
 * Cf. le petit Larousse bilingue.
** Cf. l'Office de la langue française, ouvrage cité plus haut.

lumber-jack — bûcheron

machine-shop — atelier de construction mécanique; atelier d'usinage

milk shake — lait fouetté

money-maker — amasseur d'argent, brasseur d'affaires

pack-sack — havresac

per diem — allocation journalière, prix de journée

pet shop — magasin d'animaux d'appartement, de petits animaux (?); oisellerie

power-brakes — servofreins

power-steering — servodirection

ready-mix — béton liquide *; camion-mélangeur *
* Cf. la revue belge *La Technique des Travaux*, novembre-décembre 1952, d'après Bibl. 10.

Jack Lewis **Rent-a-car** — **Location de voitures**

rib steak — côte de bœuf (Cf. l'O.L.F., ouvrage cité plus haut)

scotch-tape — (du) **ruban adhésif**, (une) **bande adhésive** (=un bout de ruban adhésif appliqué sur quelque chose)
Nota: L'appellation populaire, en France, est « scotch ».

scrap-book — album (de coupures de journaux, de plantes, etc.)

shock absorbers — amortisseurs

shoe-shine — cirage de chaussures (« ça coûte 25 cents pour un shoe-shine »)

show-case — montre, vitrine

side line — occupation secondaire

ski-tow — remonte-pente, monte-pente, câble

slap-shot — frapper *, « lancer-frappé » *
* Cf. le Comité de linguistique de Radio-Canada, *Vocabulaire du hockey*.

sleeping-bag — sac de couchage

sloe-gin — (liqueur de) prunelle

spare-ribs — côtes découvertes *, côtes plates *
* Cf. l'Office de la langue française, ouvrage cité plus haut.

spark-plugs — bougies (d'allumage)

split level — maison à palier *, à ressaut *, à entresol *, biplan (?)
* Cf. Bibl. 18.

stag party (soirée de fête réservée aux hommes) — P.H.S. (pour hommes seulement; « il s'était rendu avec enthousiasme au P.H.S. que lui avait organisé... »,
cf. Bibl. 18)

stainless steel — acier inoxydable

station-wagon — familiale; commerciale (transformable en camionnette)

stock car — auto de choc (?) (cf. Bibl. 2), voiture de série (cf. Bibl. 19)

sugar-daddy — papa-gâteau

tape recorder — magnétophone

teen-ager — jouvenceau (littéraire), adolescent, moins de vingt ans

trouble-maker — trublion, faiseur de chicane, fomentateur de bisbille, semeur de discorde, fauteur de désordre

turtle-neck — col roulé

walkie-talkie — mobilophone *
* Cf. le supplément de l'Encyclopédie Quillet.

wet dream — pollution nocturne

7.1.4.2 MÉTALINGUISTIQUES ABSOLUS

almond cookie — biscuit constituant le dessert de la cuisine chinoise d'Amérique

block-heater — chauffe-moteur (?)

car wash — auto-laverie (cf. Bibl. 18), lavauto (?)

cigar-store

club sandwich

corn flakes — flocons de maïs

egg roll — pâté impérial à la québécoise (?)
Nota: En fait, le *egg roll* de la cuisine authentiquement chinoise, à Montréal, est à peu près identique au pâté impérial servi dans les restaurants chinois de Paris.

hard-top — néo-cabriolet *
* Proposé par Bibl. 18, vol. IV, n° 8.

home-run (base-ball) — circuit

hot chicken (sandwich) — sandwich au poulet chaud

jump suit — combinaison de loisir, monopièce, mono (?)

life-saver — (petit bonbon en forme de) bouée (de sauvetage)

pen-shop

sleigh ride — promenade en traîneau, tour de traîneau

smoke-shop — bureau de tabac (?)

smoked meat — bœuf fumé (mariné)

steak house

7.2. QUALIFICATIFS

Les locutions qualificatives englobent toutes les locutions qui jouent le rôle d'épithète, d'apposition, d'attribut, de complément déterminatif (ou complément de nom), ou d'adverbe (fonction qui équivaut à une épithète du verbe).

7.2.1. LOCUTIONS INEXISTANTES

7.2.1.1 LINGUISTIQUES

acompte: payer \$5 **en acompte** — to pay \$5.00 **on account** — payer \$5 **à compte**, verser un acompte de \$5

amour: être, tomber, un gars **en amour** (A.A.) — **in love** — amoureux
Nota: Se rencontre dans les chroniques de Froissart, selon Bibl. 2; d'autre part, Bescherelle donne cette locution au sens de *en chaleur*, de la part d'un animal femelle et de la terre (se trouvant « dans un état de fermentation propre à la végétation »).

approbation: envoyer des marchandises **en approbation — on approbation —** à l'essai

arrêt: le suspect est **sous arrêt — under arrest — en état d'arrestation, arrêté**

banc: jugement rendu **sur le banc — on the bench — sur le siège, sans délibéré**

calendrier: semaine, mois, année **du calendrier — calendar** week, month, year **— civil(e)**

champ: fonctionnaires **dans le champ — in the field — sur place, attachés aux bureaux locaux ou régionaux, fig.: sur le terrain**

chanson: on a eu ça **pour une chanson — for a song — pour une bouchée de pain**

charge: **en charge de** l'organisation, des travaux, du recrutement — **in charge of — préposé à la direction, directeur, responsable, chargé de** un appel **charge renversée** — reversed charge — payable à l'arrivée, payable contre vérification (**P.C.V.**)

Nota: Les deux expressions — *communications payables à l'arrivée* et *communications P.C.V.* (payables contre vérification) — figurent dans l'Annuaire officiel des abonnés au téléphone de Paris. L'expression la plus courante, en France, semble être *P.C.V.*, si l'on en juge par la réclame de certaines entreprises de vente, qui recommandent aux clients de les *appeler en P.C.V.* Cf. *L'actualité terminologique* (vol. 1, n° 1, janvier 1968), bulletin mensuel du Centre de terminologie, Bureau des traductions, Secrétariat d'État, Ottawa.

le document **ci-attaché** — the **attached** document — **ci-joint, ci-annexé**

cinquante-cinquante — **fifty-fifty** — moitié l'un moitié l'autre, à parts égales, moitié-moitié

confiance: motion, vote **de non-confiance** — **non-confidence** motion, vote — **de censure, de blâme**; vote **de confiance**

contrat: travailler, travail **à contrat** — **by contract** — **à forfait**

contrôle: situation, circonstances **au delà de notre contrôle** — **beyond our control** — **indépendantes de notre volonté, échappant à notre action**

contrôle: l'incendie est **sous contrôle** — **under control** — **maîtrisé**

coq-l'œil — **cock-eyed** — **bigle, loucheur**

les intérêts **à date** — the interest **to date** — **à ce jour**

date: être, mettre son travail **à date** — to be, to bring one's work **up to date** — **à jour**

devoir: policier, sentinelle, marin, infirmière **en devoir** — **on duty** — **de service; en faction, de faction; de corvée, de quart; de garde**

division: décision prise, projet adopté **sur division** — passed **on division** — **à la majorité** (par opposition à: *à l'unanimité*), **avec dissidence**

emploi: être, entrer **à l'emploi de** la compagnie X — **in the employ of** — **au service de**

téléviseur **état solide** — solid state tv set — **transistorisé ***
* Cf. le Bureau des traductions du gouvernement canadien.

fonds: chèque **pas de fonds** — no (sufficient) fund cheque — **sans provision**

influence: l'employé ne doit pas se présenter au travail **sous l'influence de l'alcool** — under the influence of alcohol — **en état d'ébriété, en étant sous l'empire de l'alcool**

jouer: il reste 2 minutes **à jouer** — 2 minutes to play — **de jeu**

ligne: les autos s'en allaient **en ligne** au garage — were going in a line — **à la file**

livraison: **par livraison spéciale** — by special delivery — **par exprès**

mât: drapeau **à mi-mât** — half-mast — **en berne**

meilleur: **au meilleur de ses capacités** — to the best of one's capacity — **de son mieux, dans la pleine mesure de ses moyens**

meilleur: répondre **au meilleur de ses connaissances** — to the best of one's knowledge — **du mieux que l'on peut**

mérite: juger une question, voter **au mérite** — on the merits — **au fond, quant au fond**

mille: **sur son dernier mille** — on his last mile — **au bout de son rouleau, près de sa fin, à l'extrémité**

mise: achat **par mise de côté** — lay aside purchasing — **par anticipation**

office: les commissaires **en office** étaient présents — in office — **en fonction, en exercice**

opération: **en opération** — in operation — **en fonctionnement** (machine), **en exploitation** (mine, réseau qcq.), **en activité** (entreprise), **en service** (ligne d'autobus)

ordre: moteur, appareil **en ordre; hors d'ordre** — in order; out of order — **en bon état; détraqué, déréglé** ordre: déclarer une interpellation, une motion **hors d'ordre** — to rule a question out of order — non pertinente, irrecevable, antiréglementaire, irrégulière

Paris: **de Paris, France,** pesant 245 livres... — **from Paris, France — de Paris**

un compte, un billet **passé dû** — past due, overdue — en souffrance, échu

plus: la **deuxième plus grande** ville du monde; la **troisième plus importante** industrie de notre temps; la **deuxième plus populeuse** ville au monde — **the second largest** city in the world; the **third most important** industry of our time; the **second most populous** city in the world — la **deuxième grande** ville du monde; la **troisième** industrie **en importance** de nos jours; la **deuxième** ville au monde **pour la population,** la ville **qui vient au deuxième rang,** dans le monde, **au point de vue de la population**

prétextes: **sous de faux prétextes** — under false pretences — **par fraude, par des moyens frauduleux**

l'église était **remplie à capacité** — filled to capacity — **comble, remplie au maximum**

la grande vente **semi-annuelle** de la maison X — **semi-annual** sale — solde **semestriel**

maison **semi-détachée** — **semi-detached** — **jumelle**

t'es pas **sorti du bois** — you're not yet **out of the wood** — tu n'es pas **tiré d'embarras,** tu n'es pas **près d'être tiré d'affaire**

temps: être, arriver **en avant de son temps** — before one's time, ahead of one's time — en avance, d'avance, avant l'heure (prévue, fixée)

être payé **temps double, temps et demi** — double time, time-and-a-half — à **taux double, à taux majoré de moitié**

ton: char **deux tons** — **two-tone** car — voiture **à deux couleurs**

7.2.1.2 MÉTALINGUISTIQUES RELATIFS

honorable: **l'honorable** X — **the Honourable** X — **monsieur** X, **monsieur le ministre** X

7.2.2 LOCUTIONS EXISTANT DANS UN AUTRE SENS

affirmative: répondre **dans l'affirmative, dans la négative** — to answer **in the affirmative, in the negative** — **affirmativement, par l'affirmative, négativement, par la négative**

aucun: tout le monde est bienvenu **en aucun temps** — **at any time** — **en tout temps, en n'importe quel temps**
Nota: *any* veut dire *n'importe quel* dans une proposition affirmative, mais précédé d'une négation, comme dans *No parking at any time,* il équivaut au français *aucun,* et c'est probablement à partir de cette équivalence que l'emploi de *aucun* s'est étendu aux cas où il faut employer *tout* en français.

avant: Mont-Rolland, **500 pieds en avant** (indication routière) — **500 feet ahead** — **à 500 pieds**

couvercles pour conserves **chez soi** — **home** canning caps — couvercles pour conserves **faites à la maison**

classe: tissu **de première classe** — **first class** material — **de première qualité**

complet: lire un texte **au complet** — **completely** — **jusqu'au bout, en entier**
Nota: *au complet* se dit correctement d'une chose composée d'unités autonomes: *la classe est au complet* (tous les élèves sont présents).

côte: le parti a recueilli de nouveaux appuis **d'une côte à l'autre *** — **from coast to coast** — **d'un océan à l'autre**
* Cette expression peut se dire du cours d'eau mais non du continent.

demande: article très **en demande** — **in demand** — **recherché, demandé**
Nota: *en demande* désigne la situation de celui qui est demandeur dans une poursuite judiciaire.

docteur: **le docteur** Marcoux, député de Beauport — **Dr.** Smith, member for Scarborough — **M.** Marcoux
Nota: On a ici un cas spécial. La locution s'emploie en réalité « dans d'autres circonstances » plutôt que strictement « dans un autre sens », en français. La coutume française est de ne pas donner le titre de docteur lorsqu'on ne parle pas de l'homme en sa qualité de médecin. Il y a beaucoup de députés français qui sont médecins, et leur titre de docteur n'est jamais mentionné dans la vie publique.

effet: le président a reçu un télégramme **à cet effet** — a telegram **to this effect** — **en ce sens**
Nota: *à cet effet* = « en vue de cela, dans cette intention, pour cet usage »
(le Petit Robert).

état: dîner, funérailles **d'État** — **state** dinner, funeral — dîner **officiel**, funérailles **nationales**

famille: être, tomber **en famille** — to be **in the family way** — **enceinte**

force: cette loi est **en force** — **in force** — **en vigueur**

main: acheter un poêle **de seconde main** — **second-hand** — **d'occasion**
B E : « *Érudition, ouvrage de seconde main* (par l'intermédiaire d'autres auteurs) » (le Petit Robert)

mérite: juger une proposition **à son mérite** — to judge a proposal **on its merits** — **sur le fond**

mort: elle était swell **à mort** — she was dressed **to death** — elle était chic **à l'extrême**
B E : Mettre à mort, condamner à mort, blesser à mort, être frappé à mort (être attaqué d'une maladie ou d'une blessure certainement mortelle), combat à mort, je lui en veux à mort, nous sommes brouillés à mort (= jusqu'à nous souhaiter réciproquement la mort).

ordre: sa motion était **dans l'ordre** — his motion was **in order** — **dans les règles**

ordre: l'affaire, ses papiers sont **en ordre** — the matter is **in order** — **en règle**

rien moins que monstrueux (A.A.) — **nothing less than** monstrous — **rien de moins que** monstrueux, **absolument** monstrueux
Nota: La locution taxée d'anglicisme a le sens de *pas du tout* et appliquée à un homme, elle équivaut donc à dire de lui: la monstruosité est le défaut qu'on puisse le moins lui attribuer, — soit exactement le contraire de ce qu'on veut lui faire dire ici.

santé: centre d'aliments **de santé** — **health** food centre — magasin d'aliments **diététiques**

service: c'est bien **de service** cet outil-là — **of service** — **utile**

service: cet enfant-là est bien **de service** quand il veut — **of service** — **serviable**

service: **hors de service** (ascenseur, machine qcq.) — **out of service** — **hors d'usage**

vie: une pension **pour la vie** — a pension **for life** — **à vie**

7.2.3 DE STYLE

cette montre coûte **aussi peu que** $10 — **as little as** — **seulement, la modique somme de**

frais: seront fournis **sans frais** — will be supplied **free of charge** — **gratuitement**

limites: les municipalités auront le droit de fournir de l'électricité **au delà de leurs limites** — **beyond their limits** — **en dehors de leur territoire**

résistant au feu — **fire-resisting** — **ignifuge**

usage: **Réservé à l'usage** de la Direction (ascenseur) — **Reserved for** Executive use — **Réservé à la Direction, A l'usage de la Direction seulement**

7.2.4 EMPRUNTS INTACTS

any way — **certainement** (« On y ira pas **any way** » *: nous n'irons certainement pas)
* Déviation sémantique par rapport à la signification de *any way* en anglais.

envoyer la marchandise **C.O.D.** (**cash on delivery**) — **C.R.** (**contre remboursement**)

colour-blind — **daltonien**

ex officio — **de droit, d'office**

fast back (automobile) — **carénée** *
* Cf. Bibl. 18, vol. IV, n° 8.

half-and-half — **moitié-moitié**

half-staff — le personnel étant réduit de moitié (« On était half-staff, les deux dernières semaines de juillet »: nous n'avions que la moitié du personnel...)

king size — de taille géante

one way — (à) sens unique

right away — sans délai, immédiatement (« On est partis right away »)

rough and tough — dur à cuire

shock-proof — à l'épreuve des secousses, antichoc

single-breast(ed); double-breast(ed) (veste) — droite; croisée

slow-motion — au ralenti

ultra vires — au delà des pouvoirs dévolus, antistatutaire

up-to-date — à la page

7.3. LIGATIFS

Les locutions ligatives sont celles qui jouent le rôle de préposition ou de conjonction de subordination ou de coordination.

7.3.1 LOCUTIONS INEXISTANTES

accord: en accord avec le règlement 127 — in accordance with — conformément à

autant: en autant que vous êtes intéressés — inasmuch as — pour autant que, autant que, dans la mesure où, en tant que

bénéfice: nous transporterons nos caméras au stade pour le bénéfice de nos téléspectateurs; jouer une pièce pour le bénéfice des malades; collecte pour le bénéfice des invalides — for the benefit of — à l'intention de, en faveur de nos téléspectateurs; au bénéfice des malades; au profit des invalides

capacité: **en sa capacité de** président — **in his capacity as** — **en sa qualité de**

cours: **dans le cours de** la semaine — **in the course of** the week — **dans le courant de, au cours de**

effet: règlement, décret; rumeur **à l'effet que** — **to the effect that** — **statuant que, portant que; voulant que, selon laquelle**

l'agent fait la collecte **et/ou** la vente — collecting **and/or** selling — la collecte **ou** la vente, **ou les deux**

veuillez trouver ci-joint notre chèque au montant de x dollars, **étant pour le** paiement de... — enclosed please find our cheque in the amount of x dollars, **being for** the payment of... — ci-inclus un chèque de x dollars **représentant** le montant de notre dette, capital et intérêts

fins: **pour les fins de** votre entreprise — **for the purposes of** — **aux fins de**

lieu: **en lieu et place de** — **in lieu and place of** — **à la place de, en remplacement de**

opinion: **dans l'opinion de** ce député — **in the opinion of** — **de l'avis de**

Référant à votre lettre du 5 août, ... — **Referring to** your letter — **En réponse à, Comme suite à**

les forces armées canadiennes pourront s'en servir, **sujet au** consentement de Washington — **subject to** — **sous réserve du, moyennant** le consentement

7.3.2 LOCUTIONS EXISTANT DANS UN AUTRE SENS

absence: **en l'absence de** meilleurs moyens — **in the absence of** better means — **à défaut de, faute de**

l'équipe a, **comme une de** ses tâches principales, la surveillance... — **as one of** its main assignments — **parmi** ses tâches principales

dans les 30 jours **de** la signature du contrat — **within** 30 days **of** the signing of the contract — **dans un délai de** trente jours **après** la signature du contrat

dedans: ça sera fini **en dedans de** trois minutes — **within** three minutes — **en moins de, dans l'espace de, d'ici** trois minutes
Nota: *en dedans de*: locution, d'ailleurs vieillie, qui a trait à l'espace et non au temps: *en dedans de la ville, en dedans de l'enceinte*; au figuré: les réactions qu'il gardait *en dedans de lui.*

intérieur: fonctionner **à l'intérieur de** ce budget — to operate **within** this budget — **dans les limites de**

montant: un chèque, un mandat **au montant de** $5 — a cheque **in the amount of** — un chèque **de** 5 dollars, **d'une somme de** 5 dollars

rapport: j'ai reçu un appel **en rapport avec** l'accident de mardi dernier — **in connection with** — **relativement à, au sujet de**
B E : Le directeur du service d'accueil est en rapport avec ces immigrants depuis leur arrivée.
       Cherchez une place plus en rapport avec vos goûts (= qui correspond, convient à vos goûts).
       Ses revenus sont en rapport avec ses dépenses (= sont proportionnés à ses dépenses).
       « Participe passé en rapport avec * deux antécédents » (de *que*); « le relatif *que* en rapport avec * deux antécédents » (Maurice Grevisse, *Le Bon Usage*).
* Remarquer que la locution a ici une valeur adjective — elle signifie: qui se rapporte à — et non une valeur prépositive comme dans l'emploi dénoncé.

relation: nous avons reçu une lettre **en relation avec** cette affaire — **in relation to** — **relativement à, au sujet de, à propos de, par rapport à**
B E : Etre, se mettre, rester en relation avec quelqu'un.   L'augmentation du nombre d'échecs est en relation avec (= proportionnel à) l'accroissement de l'effectif.

7.4. COMPLÉMENTAIRES

Les locutions de la présente catégorie ont la valeur de compléments, la plupart circonstanciels.   Elles incluent les mots de liaison qui introduisent les compléments.   A remarquer qu'il est impossible de dénommer ces locutions selon leur nature plutôt que selon leur fonction.   Tout ce que l'on pourrait dire, au point de vue de leur nature, c'est que ce sont des membres de phrase, ou des molécules, pour employer la terminologie de Georges Galichet.   Mais cela n'est pas très précis et ne distingue pas les présentes locutions de celles des autres catégories.

7.4.1 LOCUTIONS INEXISTANTES

attention: Mon client m'a remis votre mise en demeure du 2 août dernier **pour attention et réponse** — **for attention and** reply — Mon client m'a **confié** votre mise en demeure du 2 août dernier

autant: **en autant que je suis concerné** — **in so far as I am concerned, as far as I am concerned** — **en ce qui me concerne**

considération: **après considération,** nous avons décidé... — **after consideration** — **à la réflexion, après réflexion**

considération: **pour aucune considération** — **on no consideration** — **à aucun prix, pour rien au monde; sous aucun prétexte**

convenance: Nous vous saurons gré de nous faire parvenir votre réponse à **votre prochaine convenance** — **at your earliest convenience** — **dès qu'il vous sera possible**
Nota: à votre convenance = à votre bon plaisir

court: **pour couper court** — **to cut short** — **en bref**

crédit: Les contenants ne peuvent être retournés **pour crédit** — are not return-able **for credit** — On ne peut renvoyer les contenants **pour les faire porter à son crédit, pour en obtenir le remboursement;** Les contenants ne sont pas repris

date: à **date,** il est rentré $150 — **to date** — **à ce jour, jusqu'à maintenant**

événement: à **tout événement** (A.A.) — **at all events** — **quoi qu'il arrive, dans tous les cas; quoi qu'il en soit**

fait: **comme question de fait** — **as a matter of fact** — **à vrai dire, à la vérité**

futur: **dans le futur** — **in the future** — **à l'avenir**

histoire: **pour faire l'histoire courte** — **to make the story short** — **pour être bref** information: nous vous faisons parvenir, **pour votre information — for your information —** à titre d'information

jusqu'à date — up to date — jusqu'à maintenant, jusqu'à présent, jusqu'ici

meilleur: **au meilleur de ma connaissance — to the best of my knowledge —** autant que je sache

meilleur: **au meilleur de ma mémoire — to the best of my memory — pour autant que je m'en souviens, autant qu'il m'en souvienne**

meilleur: **au meilleur de mon jugement — to the best of my judgment — autant que j'en puis(se) juger**

même à ça — even at that — même ainsi, même alors, malgré cela, même là

moi pour un — I for one — quant à moi, pour ma part

non monsieur, y a personne qui va me marcher sur les pieds — no sir! nobody is going to... — **je vous le dis, pour sûr** (vieux ou pop.)

petit: ils sont partis **aux petites heures du matin — they left in the small hours of the morning —** à une heure avancée de la nuit, fort avant dans la nuit, avant le point du jour, au petit matin

population: **par tête de population — per head of population — par tête d'habi-tant *, par habitant**
* Cf. les *Dix-huit leçons sur la société industrielle* de Raymond Aron.

publication: Je vous envoie un texte **pour publication — for publication —** **à publier**

quoi: je ne sais si je l'achèterai, **ou quoi,** s'il est allé à Québec, **ou quoi — or what —** ou si je prendrai une autre décision, ou s'il a fait autre chose; je ne sais **trop si**

temps: **sur le temps de la Compagnie — on the Company's time — pendant les heures de travail, aux dépens de la Compagnie**

7.4.2 EMPRUNTS INTACTS

any way — **quoi qu'il en soit** (« any way, on peut toujours essayer »)

my eye — **qu'importe** (« maladie my eye, tu pouvais nous avertir »)

my foot — **ne me parlez pas de, au diable...** (« bilinguisme my foot »: au diable le bilinguisme, bilinguisme mon c...)

7.5. ÉNONCIATIFS

Les locutions énonciatives équivalent à des énoncés, mais on ne les distingue pas uniquement par le fait qu'elles forment des phrases complètes, car ces énoncés ne sont pas toujours complets. Ce qui compte pour qu'une locution équivaille à un énoncé, s'il ne s'agit pas d'une phrase complète, c'est son caractère actualisé, c'est-à-dire que la locution repose sur un verbe à mode personnel.

7.5.1 LOCUTIONS INEXISTANTES

admission: **Pas d'admission** — **No admittance** — **Entrée interdite, Défense d'entrer**

admission: **Pas d'admission sans affaires** — **No admission without business** — **Interdit au public visiteur, Interdit aux personnes étrangères au service, Entrée interdite sans autorisation**

appeler: **Qui appelle?** — **Who is calling?** — **Qui est à l'appareil?, De la part de qui?**

après-midi: (au téléphone) **Bon après-midi, le Montréal-Soir** — **Good afternoon, The Montreal Night** — **(Ici) Montréal-Soir, bonjour**

Ceci est pour vous informer que — **This is to** inform you — **La présente a pour but de** vous informer

chances: **Il y a dix chances contre une** — **There are ten chances to one** — **Il y a dix à parier contre un**

chapeau: **Si le chapeau vous fait, mettez-le** — **If the cap fits, wear it!** — **Qui se sent morveux se mouche!**

charges: **Toutes les charges sont incluses** — **All charges are included** — **Tous frais compris**

Compliments de la saison — **Compliments of the season** — **Nos vœux de joyeux Noël et de bonne année, Nos meilleurs vœux, Joyeuses fêtes**

concerné: **A tous les concernés:** — **To all concerned:** — **A tous les intéressés**

délivrer: **Nous délivrons** (affiche d'établissements commerciaux) — **We deliver** — **Livraison à domicile**

demeurer: **Je demeure** Votre confrère et ami (en fin de lettre) — **I remain** — **Je vous prie de me croire, Veuillez me croire**

dépasser: **Ne dépassez pas à droite** (affiché sur des autobus) — **Do not pass on right** — **Défense de doubler par la droite, Ne pas doubler par la droite**

dépôt: **Pas de dépôt, ni retour** (inscription qui figure sur les emballages à jeter) — **No deposit - no return** — **Non consigné, Non repris, Emballage perdu, Emballage non retournable** *
* Cf. Grand Larousse Encyclopédique.

dossier: **Votre dossier 3718, notre dossier 17515** — **Your file 3718, our file 17515** — **V/Référence 3718, N/Référence 17515, V/Réf. 3718, N/Réf. 17515, V/R, N/R**

Entrée des marchandises — **Goods entrance** — **Service, Livraison, Réception du matériel**

Espérez pour le mieux — **Hope for the best** — **Prenez confiance, Soyez optimiste, Ayez confiance que ça va s'arranger le mieux possible**

faire: **Ça va faire** — **That will do** — **Ça suffit, Assez!**

Gardez la droite — **Keep right** — **Tenez la droite**

Gardez la ligne — **Keep the line** — **Ne quittez pas**

Glissant si humide — **Slippery when wet** — **Dérapant, Chaussée glissante par temps pluvieux**

idée: **Quelle est l'idée** d'un pareil projet? — **What is the idea** —A quoi rime

Kiosque de perception: 1 Mi — **Toll gate: 1 Mi** — Péage: 1 M

Licence complète — **Fully licensed** — Vins, bières et alcools

parler: **Qui parle?** (au téléphone) — **Who is speaking?** — Qui est à l'appareil?, **De la part de qui?**

parler: **C'est Jean Lebon qui parle** — **John Good speaking** — Ici Jean Lebon, **Jean Lebon à l'appareil**

parole: **Vous pouvez en prendre ma parole** — **You may take my word for it** — Je vous en réponds, Croyez-m'en, Je vous en donne ma parole, Vous pouvez me croire

payer: **Pour payer ou charger?** (question posée aux clients dans les magasins de détail) — **To pay or charge?** — Comptant ou à crédit?, Comptant ou (à) **terme?**

Peinture fraîche, Frais peint — **Wet paint** — Attention à la peinture

Reçu paiement — **Received payment** — Pour acquit

Rencontre Jean X — **Meet John X** — Je te présente Jean X

Souhaits de la saison — **Season greetings** — Nos vœux de bonne et heureuse **année**

stationner: **Ne pas stationner d'ici au coin** — **No parking from here to corner** — **Fin du stationnement**

virage: **Pas de virage en U** — **No U turn** — Demi-tour interdit

Vôtre pour $8 — **Yours for $8** — Prix: $8

7.5.2 LOCUTIONS EXISTANT DANS UN AUTRE SENS

Bien à vous, Bien vôtre, Sincèrement vôtre — **Truly yours, Sincerely yours** — **Nous vous prions d'agréer, Monsieur, l'expression de nos sentiments dévoués, Je vous prie d'agréer, Madame, l'expression de ma considération distinguée,**

Je vous prie de recevoir, Mademoiselle, mes salutations distinguées, Veuillez agréer, Monsieur le Directeur (ou Monsieur le Président, Madame la Secrétaire, etc.), l'assurance de mes sentiments dévoués, l'expression de mes sentiments distingués, Recevez, cher Collègue, l'assurance de mes sentiments les meilleurs, Veuillez agréer, Monsieur le Député (ou Monsieur le Ministre), l'assurance de ma considération distinguée (ou l'expression de mon respectueux dévouement)

Nota: Les formules ici dénoncées, de même que les autres du même genre (e.g. Vôtre, Tout à vous, Cordialement vôtre, Votre dévoué) sont bonnes dans la correspondance intime ou les notes brèves, mais non dans les lettres d'affaires en forme.   D'autre part, on trouvera d'autres formules appropriées de salutation et un protocole épistolaire dans Bibl. 18, vol. I, nᵒ 12, et dans *Le français, langue des affaires* par André Clas et Paul Horguelin, McGraw-Hill, Éditeurs, Montréal, 1969, pp. 246 à 264.

Cher Monsieur, — Dear Sir: — Monsieur,
Nota: *Cher Monsieur*, comme formule d'appel commençant une lettre d'affaires, ne s'emploie qu'envers les personnes que l'on connaît bien.

Cher Monsieur X, — Dear Mr. So-and-so: — Monsieur,
Nota: *Cher Monsieur X* ne s'emploie pas à toutes les sauces, dans l'usage français, mais seulement envers un inférieur.

7.5.3 DE STYLE

obtenir: **Vous pouvez les obtenir (ces carnets) des chauffeurs — You can get them from the chauffeurs — S'adresser au chauffeur**

ordres: **Les ordres sont les ordres — Orders are orders — Je ne connais que la consigne, La consigne est la consigne**

timbre: **Il n'y a pas assez de timbre (sur votre lettre) — It has not enough stamps — L'affranchissement est insuffisant**

7.5.4 EMPRUNTS INTACTS

All aboard! — En voiture!

All right! — D'accord; Tope!

Come in — Entre, Entrez

Come on — Allons-y!; Allons!; Viens

Fuck off! — Au diable!, J'abandonne!; Fiche-moi la paix!

Get up! — Debout!

Hurry up! — Vite!, Dépêchez-vous!

Just too bad — C'est tant pis, Tant pis

Move up! — Dépêche-toi!, Ouste!

Never mind! — N'importe!, Au diable!

No sir! — Certainement pas!, Nenni! (« Ça marche pas. No sir! »)

No vacancy — Complet

O boy! o boy! (exclamation d'admiration ou de surprise mêlée d'un peu d'ironie) — Oh la-la!

Oh yes? — Vraiment? (« Oh yes? C'est ce qu'on va voir. »)

Play ball! — Au jeu!

Shake hand — On se donne la main? (parole de réconciliation); Donne-moi la main!, Serrons-nous la main!, Serre-la! (parole de complicité ou de félicitation)

Shut up! — La ferme!

Sit down — Assieds-toi

So what? — Et puis après?

Watch out — Attention, Prenez garde

Yes sir! (à l'adresse d'un client, dans une épicerie, un magasin) — Pour vous, monsieur?

8. 8ᵉ CLASSE: ANGLICISMES SYNTAXIQUES

La classe syntaxique comprend tout ce qui a trait au groupement des mots et à leur conditionnement grammatical les uns par les autres.

La plupart des titres que nous donnons aux catégories ne demandent pas d'explication.

8.1 DE LIEN

avoir qch. à la main — to have sth. **at** hand — **sous** la main

insister **à** faire qch. — to insist **to** do sth. — insister **pour**

il perd le disque **à** Richard — he loses the puck **to** — **aux mains de**

sans préjudice **aux** droits du requérant, **aux** héritiers — without prejudice **to** the petitioner's rights, **to** the heirs — sans préjudice **des** droits du requérant, **pour** les héritiers

être confronté **avec** un angoissant problème — to be faced **with** an alarming problem — être confronté **à**

il a été vingt ans **avec** cette compagnie-là — he was **with** that company for twenty years — il a été vingt ans **à, chez** cette compagnie

je suis **avec** vous dans deux minutes — I'll be **with** you — je suis **à** vous

c'est **avec** regret que nous devons... — it is **with** regret — **à** regret

nous vendons **avec** perte — **with** loss — **à** perte

vérifier **avec** l'administration centrale — to check **with** the headquarters — vérifier **auprès de**

la clef est **dans** la porte — **in** the door — **sur**

le thérapeute tente de soutenir l'intérêt du malade **dans** une occupation quelconque — interest **in** sth. — **pour** une occupation

durant les quatre premiers jours **d'un** accident — during the first four days **of** an accident — **qui suivent** un accident

en ce qui touche la prudence **de** la route — with respect to road safety — la prudence **sur** la route

il est **en** accord avec ses associés sur ce point-là — **in** accord with — **d'accord**

des remerciements **en** profusion — **in** profusion — **à** profusion

arriver, partir **en** temps — **in** time — **à** temps

c'est un sourd **et** muet — deaf **and** dumb — sourd-muet

le soumissionnaire convient: a) de faire la première expédition dans... **et** la quantité sera de... — the tenderer undertakes (a) to make... **and** the quantity shall be... — le soumissionnaire convient: a) de faire la première expédition dans les trente jours qui suivront la date du contrat; la quantité sera...

mener: Les Tigers mènent 25 à 15, les Éperviers ont battu les Lions 7 à 4 — lead 25 to 15, defeated the Lions 7 to 4 — mènent **par** 25 à 15, ont battu les Lions **par** 7 à 4

il joue du piano **par** oreille — he plays **by** ear — **d'oreille**

la table mesure six pieds **par** trois — six feet **by** three — **sur** trois

on a fait une commande **pour** 100 tubes — an order **for** — **de**

les demandes **pour** des enveloppes, du matériel — requisitions **for** — demandes **de**

il est impossible **pour** notre bureau de vous accorder... — it is impossible **for** this Office — impossible **à**

il y a nécessité **pour** une coopération, **pour** des investissements — necessity **for** — nécessité **de**

Réservé **pour** les ingénieurs municipaux — Reserved **for** City Engineers — Réservé **aux** ingénieurs municipaux nos meilleurs vœux **pour** une bonne année — our best wishes **for** a happy new year — **de** bonne année

devront être soumises **pour** approbation **au** Directeur général — shall be submitted **for** approbation **to** — soumises **à** l'approbation **du**

un camionneur est mort noyé cet après-midi **quand** son véhicule a plongé dans le fleuve — a trucker drowned this afternoon **when** his vehicle dived into the river — **après que** son véhicule eut plongé

sous certaines circonstances — **under** certain circumstances — **dans**

le projet de loi qui est **sous** discussion — **under** discussion — **en** discussion

le projet **sous** étude — **under** study — **à** l'étude

la proposition est **sous** examen — **under** examination — **à** l'examen

le malade est **sous** observation, **sous** traitement — **under** — **en**

la radio est **sur** l'A.M. — **on** the A.M. — **à** l'A.M.

on peut siéger **sur** plus d'un comité, il est **sur** le comité des finances, **sur** l'équipe des étoiles, **sur** le jury — **on** a committee, a team, a board — **à, dans, au sein de,** il est **du** comité, **de** l'équipe, il fait partie, il est membre du jury

M. X ne sera pas **sur** l'émission ce soir — **on** the program — **à**

c'est tout ce qu'on a **sur** cet étage — **on** this floor — **à**

nous accordons les permis **sur** examen seulement — **on** examination — **après** examen
Nota: *sur* marque plutôt la concomitance: *sur le coup, sur le moment, sur l'heure.*

il travaille **sur** la ferme de son père — **on** the farm — **à** la ferme

notre émission est changée de place **sur** l'horaire — **on** the schedule — **dans** l'horaire

passer **sur** la lumière rouge — to pass **on** the red light — **au, sous** le feu rouge, brûler le feu rouge

il est **sur** l'ouvrage, à cette heure-là — **on** the job — **à** l'ouvrage ils vivent **sur** leur pension de vieillesse — **on** their old age pension — **de**

il y a trop de monde **sur** la rue, à cette heure-là — **on** the street — **dans**

il est occupé **sur** le téléphone — **on** the telephone — **au**

je vais lire ça **sur** le train, **sur** l'autobus — **on** the train, **on** the bus — **dans**

sur le voyage, on a pas pris une goutte — **on** the trip — **en** voyage, **durant** le voyage

8.2 DE RÉGIME

Cette sorte d'anglicisme équivaut à une substitution de régime: régime direct à la place du régime indirect et vice-versa.

commenter sur l'attitude de qn — **to comment on** s.o.'s attitude — **commenter** l'attitude de qn, faire des commentaires sur l'attitude de qn

contribuer $100, sa part, ses économies — **to contribute** $100, one's share, one's savings — **contribuer pour** $100, fournir $100, payer sa part, **contribuer de** ses économies

divorcer sa femme, son mari — to **divorce** one's wife — **divorcer d'avec, divorcer avec, divorcer de**

c'est au contremaître d'**insister que** les règlements soient observés — to **insist that** — insister **pour que**, exiger que

montrer: il faut qu'**elle soit montrée** — she needs to **be shown**, to be taught (to **show s.o.**, to **teach s.o.** to do sth.) — il faut qu'**on lui montre** (comment faire)

notifier qn de qch. — **to notify s.o. of sth.** — notifier qch. à qn

paraître: elle ne **paraît** pas son âge — she doesn't **look** her age — elle ne **paraît pas de** son âge, elle ne porte pas son âge

combien t'as **payé pour** ça? — how much did you **pay for** that? — combien as-tu **payé** cela?

S.V.P. **payer** la serveuse (sur additions de restaurant) — Please **pay** waitress — **payer** à la serveuse

permettre: on n'a pas **été permis** d'y aller — we **were** not **permitted** to go (to **permit s.o.** to do sth.) — on ne **nous a** pas **permis** d'y aller

réfléchir: ces faits ont été soumis **pour réflexion** aux membres — were placed **for reflexion** before — ont été soumis aux membres pour qu'ils y réfléchissent, ont été soumis à l'attention des membres

refuser: on a **été refusés** de le faire — we **were refused** to do it (to **refuse s.o.** to do sth.) — on **nous a refusé** la permission de le faire

répondre: est-ce que tout le monde a **été répondu?** — has everybody **been answered?** (to **answer s.o.**) — est-ce qu'on **a répondu** à tout le monde?, est-ce que tout le monde a reçu une réponse?

soumissionner pour des travaux — to **tender for** works — **soumissionner** des travaux

téléphoner: tous les membres ont-ils **été téléphonés?** — **were** all members **phoned?** (to **phone s.o.**) — **a-t-on téléphoné** à tous les membres?, tous les membres ont-ils été appelés?

8.3 DE CONSTRUCTION

distribuer: brochures **à être distribuées** aux membres — to **be distributed** — **à distribuer**

exécuter: tâche **à être exécutée** en entier — to **be performed** — **à exécuter**

ce produit nouveau aide à **prévenir** les bactéries **de se propager** — to prevent bacteria **from propagating** — **prévenir la propagation** des bactéries

procéder à envoyer une mise en demeure — to **proceed to do** sth. — **procéder à l'envoi de**

terminer: travail **à être terminé** pour le 1er mars — to **be completed** — **à terminer**

8.4 DE RATTACHEMENT

enregistré: notre raison sociale enregistrée n°... — our registered style N°... — notre raison sociale enregistrée **sous le** numéro...

étant: les instituteurs ont rejeté **comme étant** inacceptables les propositions de la commission — **as being** unacceptable — **comme** inacceptables

hâtez-vous à notre vente gigantesque — **hurry to** our sale — **hâtez-vous de (venir) profiter de** notre solde

Ne pas dépasser ce véhicule **quand arrêté** — Do not pass this bus **when stopped** — **quand il est arrêté**

une recommandation du bureau des commissaires **que** le gouvernement fédéral soit prié d'adopter le Red Ensign — a recommendation **that** — **voulant que**

la loi **telle qu'amendée,** la maison **telle que décrite** — the act **such as amended,** the house **such as described** — la loi **telle qu'elle a été modifiée,** la maison **telle qu'elle est décrite**

8.5 DE DÉTERMINATION

appeler: quand on l'appelle **un** espion — when one calls him **a** spy — quand on l'appelle espion

choisir: les libéraux ont choisi M. X comme **leur** chef national — as **their** national leader — comme chef national

être: son frère est **un** médecin — his brother is **a** doctor — est médecin

plaider folie * — to plead insanity — plaider **la** folie
* A noter que les expressions *plaider coupable, plaider non coupable, plaider la légitime défense,* qui ont déjà été mises en doute ou condamnées, sont françaises: elles sont données dans le Petit Robert.

qualité: la qualité de fabrication est garantie — the quality of workmanship is guaranteed — la qualité de **la** fabrication

Québec: Association´ des Restaurateurs **de** Québec — **of** Quebec — **du** Québec
Nota: Il s'agit ici de la province et non de la ville.

trouver: je l'avais trouvé **un** bon étudiant — I had found him **a** good student
— je l'avais trouvé bon étudiant

8.6 D'ORDRE

un autre quinze dollars — **another fifteen** dollars — **quinze autres** dollars

avec: l'homme **que j'ai parlé avec,** hier — the man **I talked with** — l'homme
avec qui j'ai parlé

avenue: sur **Parc avenue** — on **Park Avenue** — **avenue du Parc**

draperies: **Lebon Draperies** — **Good Draperies** Ltd. — **Les Tentures Lebon**

fourrures: **Lebon Fourrures** — **Good Furs** — **Les Fourrures Lebon**

lingerie: **Odette Lingerie** — **Lindy's Lingerie** — **Lingerie Odette**

je vous verrai **lundi le** 31 courant — I shall see you on **Monday the** thirty-first
inst. — je vous verrai **le lundi,** 31 courant

pharmacie: **Lemieux Pharmacie** — **Western Pharmacy** — **Pharmacie Lemieux**

Jean se classe parmi les **premiers dix** compteurs de sa ligue; les **derniers dix**
jours; au cours des **prochaines douze** années; les **autres deux** semaines — the
first ten scorers of his league; the **last ten** days; during the **next 12** years; the
other two weeks — les **dix premiers** marqueurs de sa division; les **dix derniers**
jours; au cours des **douze prochaines** années; les **deux autres** semaines

restaurant: **Bel-Air Restaurant** — **Sweet Home Restaurant** — **Restaurant Bel-Air**

Royal 22e Régiment — **Royal 22nd Regiment** * — **22e Régiment royal**
* L'appellation de ce corps de troupe s'est francisée chez les anglophones, qui
  la prononcent et l'écrivent *Royal Van-doo*; les membres en sont appelés les
  Van-doo's.

savon: laver avec **du savon et de l'eau** — with **soap and water** — **de l'eau et
du savon**

Sud-Vietnam — South Viet Nam — Vietnam-Sud *, Vietnam du Sud
* Sur le modèle de « les limites nord de la ville », « Berlin-Ouest ». Relevé, d'ailleurs, dans des publications françaises, entre autres *Postes et Télécommunications.*

8.7 DE RAPPORT

automobile: **Jeanfils Automobile** Ltée — **Johnson Automobile Ltd.** — **Les Automobiles Jeanfils, Cie ltée**
Nota   On aura remarqué que nous classons les anglicismes selon leur caractéristique principale lorsque, comme celui-ci, ils se rattachent à plus d'une catégorie.   D'autre part, l'erreur de « rapport », ici, consiste à faire se rapporter (même si les auteurs de cette raison sociale en sont probablement inconscients) *automobile* à *Jeanfils,* alors que c'est *Jeanfils* qui doit se rapporter à *automobile.*

commençant le 1er juillet, il y aura une série de conférences... — **commencing** July 1st, there will be... — il y aura une série de conférences, **commençant** le 1er juillet; **à partir, à compter du** 1er juillet, il y aura...
Nota: En français, un participe, présent ou passé, placé au début de l'énoncé, se rapporte nécessairement au sujet du verbe de la proposition principale.

comparé à l'année passée, j'ai fait de bonnes affaires — **compared** with last year, I've made good business — **comparativement** à l'année dernière, j'ai fait de bonnes affaires; **comparées** à l'année dernière, mes affaires ont été bonnes

concernant ce que vous m'avez dit, je peux... — **concerning** what you told me, I can... — **au sujet de**

construction: **Lapierre Construction** Ltée — **Stone Construction Ltd. — Les Entreprises de construction La pierre, Cie ltée;** Lapierre, entrepreneur en construction, Cie ltée

dépendant de ce que vous voulez faire, nous pouvons... — **depending** on what you want to do, we can... — **selon** l'intention que vous avez

dû à un fâcheux contretemps, le comité n'a pas pu tenir sa séance — **owing to, due to** (pop.) — **par suite de, à cause de, en raison de**

dû au fait que tout le monde était malade, j'ai contremandé la réunion —
owing to the fact that everybody was sick, due to the fact that (pop.) — du fait
que tout le monde était malade, j'ai...; le contremandement de la réunion est
dû au fait que tout le monde était malade

électrique: **Lebon Electrique, Ltée — Good Electric Ltd. — Lebon, appareils
électriques, Cie ltée**

parlant de politique, avez-vous écouté le discours de X hier? — **Speaking of —
À propos de**

transport: **Lebon Transport Ltée — Good Transport Ltd. — Les transports
Lebon,** Cie ltée; Entreprise générale de transport Lebon; La Cie de transport
Lebon ltée

8.8 D'ACCORD

bien que des représentants de cette compagnie **comparurent — while** repre-
sentatives of this company **came** before — **aient comparu**

nous avons un **bureau** à Montréal et c'est **eux** qui s'occupent des requêtes —
we have an **office** in Montreal and the requests are dealt with by **them** — c'est
lui

quoique la température **était** au delà de 95° — **although** the temperature **was —
quoique** la température **fût**

9. 9ᵉ CLASSE: ANGLICISMES STRUCTURAUX

Chez les éléments de cette classe, l'anglicisme réside dans la structure de la phrase ou du membre de phrase. Dans le rétablissement du bon français que nous tentons, la modification de la structure amène nécessairement des changements de vocabulaire. Néanmoins c'est l'aspect syntaxique de la phrase ou de l'expression qui faisait défaut au premier chef. Lorsque l'anglicisme ne porte que sur quelques mots, il se distingue de ceux de la classe locutionnelle en ce qu'il ne s'agit pas chez lui de mauvais choix des termes, mais de caractères grammaticaux et d'arrangements impropres à rendre l'idée que le texte veut rendre. Au fait, la présente classe se distingue des classes syntaxique et grammaticale en ce que chez ses éléments, la construction n'est pas mauvaise en soi, ou au point de vue intrinsèquement grammatical, mais par rapport aux habitudes françaises de formulation ou à cause de son caractère ambigu ou équivoque.

Certains pèchent contre la langue même, en ce sens qu'ils sont inadmissibles en français, ou que, dans le contexte, ils trahissent l'idée à exprimer. D'autres ne pèchent que contre l'esthétique ou le bon style.

9.1 DE LANGUE

conserves:
tous les accessoires X pour conserves chez soi
— all X home canning fittings
— tous les accessoires X pour la fabrication des conserves chez soi, pour la fabrication de vos propre conserves

être:
Une expérience très intéressante pour eux fut l'exhibition qui...
— A most interesting experience was the exhibition
— Ce qui fut une expérience très intéressante pour eux, ce fut l'exhibition; comme expérience très intéressante pour eux, il y a eu l'exhibition

La résine X est destinée à divers usages: joints étanches, épissure et fermeture des extrémités, etc.
— insulated packing
— imperméabilisation des joints

ordres:
Tout travail pouvant être classé comme prolongement ordinaire **sera couvert par les ordres « C.E. »** dans le cas de l'électricité et les ordres **« G.M. »** dans le cas du gaz.
— All work which can be classified as ordinary extension **being covered by "C.E."** orders in the case of Electricity and **"G.M."** orders in the case of Gas.
— ...devra recevoir l'autorisation de l'ingénieur en chef (inscription « C.E. ») dans le cas cas de l'électricité **et du directeur général** (inscription « G.M. »)...

pouvoir être:
Une estimation plus exacte de l'effectif du personnel à plein temps pourrait être supérieure d'à peu près 1,000 au chiffre donné à la page 10
— **A more accurate estimate of the number of full-time personnel might be approximately 1,000 higher than the figure shown on page 10.**
— Le chiffre de la page 10 augmenté d'environ 1 000 constituerait probablement une estimation plus juste de l'effectif à plein temps, Pour avoir une estimation plus exacte de l'effectif du personnel à plein temps, on pourrait ajouter environ 1 000 au total donné à la page 10.
Nota: La version que nous taxons d'anglicisme rend mal l'idée qu'impose le contexte: le but de cette phrase n'est pas de déprécier l'estimation faite mais de la parfaire.

prix:
vous offre ces manteaux à **prix d'épargne substantielle**
— **at great saving prices**
— à des prix qui signifient pour vous des épargnes considérables, à des prix représentant des épargnes considérables

qualité:
un coussinet... soumis aux plus strictes **contrôles de qualité**
— a bearing... built under the strictest **quality control**
— un coussinet... dont la qualité est assurée par les plus strictes contrôles dans la **fabrication**

trois hommes furent tués **quand un réservoir a explosé**...
— three men were killed **when a tank blew up**...
— à la suite de, par l'explosion d'un réservoir
Nota: La phrase telle qu'elle est énoncée dans le premier cas établit un rapport de concomitance mais non de cause à effet entre les deux faits mentionnés.

répartition:
La répartition des emplois entre les hommes et les femmes est à l'avantage
des hommes par quatre contre un sur les femmes.
— The distribution of full-time jobs between men and women favours males
four to one over females.
— Dans les emplois à plein temps, le nombre des hommes est avec celui des
femmes dans le rapport de 4 à 1,
Il y a quatre fois plus d'hommes que de femmes qui occupent des emplois à
plein temps. — ou: parmi le personnel à plein temps.

Ses fournisseurs ont informé le soumissionnaire
— His suppliers have advised the tenderer
— Les fournisseurs du soumissionnaire l'ont informé, ont informé ce dernier

A cause du volume accru du courrier
— Due to the increased volume of
— Vu l'accroissement du volume du courrier

9.2 DE STYLE

établi:
La commission pourra ordonner aux compagnies et corporations de fournir
l'énergie électrique aux... de la manière et selon les règles établies par elle
— established by it
— qu'elle aura établies

être apprécié:
La collaboration de tous sera fort appréciée
— The co-operation of all concerned will be greatly appreciated
— Nous saurions gré à chacun de prêter son concours,
Nous faisons appel à la collaboration de chacun

être contrôlé:
Les Caisses populaires sont les institutions financières les plus importantes à
être contrôlées par les Canadiens français
— to be controlled
—·commandées par, que détiennent les

être proclamé:
Il est le deuxième à être proclamé le joueur le plus utile à son club
— to be proclaimed
— qu'on proclame, à recevoir le titre de

pertinence:
La pertinence de ce mode d'utilisation envers le problème que constitue le comblement du manque de personnel des échelons supérieurs semble claire.
— The relevance of this pattern of utilizaztion to the problem of overcoming the shortage of high-level personnel seems clear.
— Il semble clair que ce mode d'utilisation a quelque chose à voir avec le problème que pose le manque de personnel à combler aux échelons supérieurs.

rendre:
La complexité du problème rend insuffisante une enquête ordinaire.
— The complexity of the problem renders an usual inquiry inadequate.
— La complexité du problème fait qu'une enquête ordinaire est insuffisante,
A cause de la complexité du problème, une enquête ordinaire est insuffisante.

requis:
Si des textes descriptifs **sont requis avec** les spécifications
— Should descriptive literature **be required with** the specifications
— Lorsque le devis **doit être accompagné de** textes descriptifs

suite:
Si **par suite de cette soumission** la Commission lui accorde un contrat
— If a contract is awarded **as a result of his tender**
— Si **sa soumission** est agréée et **lui vaut** un contrat

CONCLUSION

Remarques personnelles

Voilà un dossier assez décourageant. Près de 2 200 anglicismes, et cela sans avoir relevé la multitude de termes anglais qui forme les vocabulaires de base de la plupart des domaines techniques. Et il est à prévoir que plus la technique américaine se développera, plus son vocabulaire envahira notre langue.

Détail à remarquer, d'autre part, il n'y a pas que la vie urbaine qui soit chez nous grandement contaminée par l'anglais. On aura observé, dans le présent ouvrage, le nombre surprenant de termes anglais qui se rapportent à l'agriculture. Même ce domaine qu'on aurait pu croire à l'abri de l'invasion de la civilisation anglo-américaine n'est pas épargné.

Toutefois, si l'on croit la situation linguistique susceptible de correction, il faudrait prendre un certain nombre de mesures.

D'abord, il faudrait tout au moins épurer les ondes de la radio et de la télévision. Si on ne peut exiger de ces organes de diffusion qu'ils travaillent systématiquement à la correction des fautes de langage, on peut au moins exiger qu'ils ne coucourent pas à répandre ces fautes. Tous les reporters, présentateurs et animateurs divers devraient, avant d'être embauchés, être soumis à des tests rigoureux de bon français. Certains textes, avant d'être diffusés, devraient être soumis à un réviseur linguistique de compétence éprouvée, car même dans les bulletins de nouvelles de la télévision d'État, il se glisse de plus en plus d'anglicismes. Pour remédier à la situation d'une façon plus générale, il faudrait instituer un comité de surveillance des ondes, qui aurait encore plus de pouvoirs que n'en a la Commission du langage de l'O.R.T.F.

Afin de ne pas défaire d'une main ce qu'on fera de l'autre, il faudra d'ailleurs que la télévision devienne monopole d'État. Ainsi, le réseau public n'aura plus à concurrencer les chaînes privées en s'abaissant à leur niveau et laissant les bailleurs de fonds régner sur la langue. « Ça paort su in temps raort »... A croire qu'« y en aura pas de commercial » désormais. Finie la folie d'à la fois enseigner et reprocher à la population une langue de pouilleux!!!

Tout autant que pour les reporters de radio-télévision, on se demande quels critères, en matière de langue, président à la sélection des reporters journalistiques. Pourtant, il s'agit d'un métier important, qui offre une pâture quotidienne à notre population. N'importe-t-il pas au plus haut point que cette nourriture soit néfaste ou saine? L'association des journalistes doit prendre conscience des responsabilités de ses membres et établir les normes professionnelles qui s'imposent.

Tout le domaine de la publicité, tant écrite que parlée, devrait faire l'objet d'un effort particulier de correction. On sait combien la publicité influe sur le mode de vie des gens. Or elle agit tout autant sur leur langage. Et quel spectacle et quel concert offre-t-elle! A côté d'annonces bien faites, où pour traduire les termes techniques difficiles, on a sûrement eu recours à des traducteurs compétents, on trouve les calques les plus naïfs et les plus incroyables de l'anglais (genre « Il existe des studios X à trois locations dans notre ville » — entendu sur les ondes d'une station de radio montréalaise). Et cela sans parler de la consécration par presque tout l'affichage public de la plupart des fautes communes — ce qui ne les empêche pas d'être souvent grossières — qui se commettent dans la langue parlée, — et dont un grand nombre tirent d'ailleurs leur origine d'une mauvaise traduction publicitaire. La Société des traducteurs du Québec cherche actuellement à obtenir de l'État le statut d'un ordre professionnel habilité à régir la profession de traducteur, c'est-à-dire à établir et mettre en application des critères pour l'exercice régulier de la profession dans le Québec. La réalisation d'un tel projet contribuera certainement à faire prendre plus au sérieux et considérer comme plus exigeante l'activité de traduction. Mais on conçoit que l'ordre professionnel projeté ne pourra empêcher quiconque d'avoir recours à un soi-disant « parfait bilingue » qui ne sera pas agréé par l'ordre des traducteurs. D'autre part, les textes traduits ne sont pas les seuls à pouvoir être mauvais, il s'en faut. Que l'on songe seulement aux documents et écrits divers que diffusent ou affichent des pouvoirs municipaux à forte prédominance francophone, sinon exclusivement de langue française. Aussi faut-il souhaiter la création (puisque l'Office de la langue française n'a pas les attributions ni les moyens voulus pour remplir ce rôle) d'une espèce de « police de la langue », [1] qui verrait à avertir de leurs fautes les organismes ou établissements en cause et à leur indiquer les bonnes formulations. Ce genre de comité de surveillance étant aidé des lois voulues et d'une autorité qui aurait le pouvoir de décréter des sanctions, on pourrait parvenir à une correction globale de l'affichage commercial, qui est si déplorable chez nous, particulièrement dans la « deuxième ville française du monde ». Bien entendu, il faudrait tout d'abord mettre à la disposition des commerçants et des industriels, dans tous les centres urbains de quelque importance, un service de renseignements et de consultation linguistiques. Malheureusement, l'Office de la langue française n'est pas allé très loin jusqu'à présent dans ce

---

(1) Certains pourraient trouver l'initiative dictatoriale. Pourtant, s'il existe une « police des mœurs » et des lois qui empêchent les établissements de porter atteinte à la morale des gens, on ne voit pas pourquoi il serait plus dictatorial — puisque dans le privé on pourra continuer à s'exprimer aussi mal qu'on voudra — d'empêcher les établissements et institutions d'exercer une action corruptrice sur la langue de la population.

domaine, y compris pour ce qui est de faire connaître au grand public les services qu'il offre. Souhaitons que les Bureaux régionaux de diffusion du français, dont la création s'est amorcée il y a déjà un certain temps, s'implantent partout et, dans les régions les plus mal en point linguistiquement où ils ont pris forme, étendent et intensifient leur action, en viennent à fonctionner à plein, de manière à se colleter de façon vraiment sérieuse avec l'immense tâche à accomplir.

Bien entendu, l'État doit d'abord donner l'exemple en refrancisant ses textes de loi, en dénommant correctement ses institutions, et en soignant toutes les formules administratives et la documentation diverse qu'il publie.

Dans la réforme de la langue, l'école a évidemment un grand rôle à jouer. C'est elle qui doit inculquer suffisamment aux jeunes la connaissance du français pour les prémunir contre les attaques de la culture anglo-américaine qui les entoure. Il faut, à l'école, infuser massivement du français aux jeunes, les munir d'un solide bagage lexical. Car on copie d'autant plus l'anglais qu'on ne possède pas bien le français. Ce n'est pas en apprenant l'anglais pour pouvoir éviter d'employer toutes les formules françaises qui ressemblent à l'anglais, qu'on arrive à s'exprimer correctement et facilement. On se prive ainsi de beaucoup de moyens d'expression qui, pour ressembler à l'anglais, n'en sont pas moins français. Et l'on aboutit à un langage hésitant, appauvri, desséché. On évite les anglicismes en apprenant tout simplement le français, à l'école en l'étudiant avec des maîtres compétents (qui n'ont pas le cerveau farci d'anglicismes tirés des manuels américains), et plus tard, en s'abreuvant de lectures françaises.

Enfin, le milieu de travail est très important. Pourquoi, par exemple, les travailleurs prennent-ils l'habitude de dire *lay-offer* et *staff,* sinon parce que les communications des patrons leur sont faites en anglais? Vienne le jour où les cadres des entreprises parleront le français!

La présente étude, d'ailleurs, fait entrevoir toute la question de la source de la création. Pourquoi sommes-nous tributaires des Anglo-Saxons dans presque toutes nos sphères d'activité? Modernisation scolaire, organisation municipale, syndicalisme, loisirs, professions diverses, commerce, politique et administration publique, dans tous ces domaines de conversation, on retrouve en filigrane le vocabulaire de l'anglais. Aussi est-il douteux que l'on puisse jamais franciser vraiment la langue au Québec si on n'y francise pas la vie. Il est certain que les échanges avec la France, à cet égard, constituent un instrument des plus précieux.

On nous dira peut-être ici que la France est envahie par la terminologie anglo-saxonne, dont beaucoup de vocables (dancing, smoking, shopping, pressing ... et cetering!) ne sont pas employés ici et ne peuvent venir que contaminer notre langage, plus français que celui des Français (! ! !). Tout d'abord, signalons qu'il ne s'agit pas de copier aveuglément les Français, mais de retirer, en usant d'une saine discrimination, le plus possible de nos rapports avec eux. Il ne nous faut certainement pas abandonner toute originalité et substituer à nos termes français de bonne frappe des termes anglais importés de nos parents d'outre-Atlantique. Toutefois, il ne faut pas prétendre inadmissible tout emprunt à une langue étrangère; l'emprunt fait partie des procédés normaux d'enrichissement d'une langue et de son adaptation à l'évolution de la vie. Le tout est une question de mesure, et d'intégration, autant que possible, des emprunts au système phonétique de la langue emprunteuse. Dussions-nous, d'ailleurs, tout copier des Français, que nous y gagnerions certainement en « francité ». Il est faux, en effet, que le vocabulaire technique français ait à toutes fins pratiques cédé le pas à la terminologie américaine, en France. On n'a qu'à consulter un peu les publications françaises dans divers domaines techniques pour découvrir une foule de termes français et d'expressions françaises à peu près inconnus chez nous et qui y ont pour pendants des expressions et mots anglais, franglais ou « joualins ». La présence de l'anglais en France est surtout sensible dans les domaines nouveaux dont les artisans sont à la remorque des « technologues » américains. Mais une réaction est amorcée, là-bas comme ici, contre ce phénomène d'hybridation du langage, surtout par l'action de la Fédération du français universel, du Conseil international de la langue française, du Haut comité pour la défense et l'expansion de la langue française et des animateurs du projet d'une francophonie dotée de liens organiques. Souhaitons que la toute nouvelle Agence de coopération culturelle et technique des pays francophones, qui devrait être pour nous une occasion d'apporter en même temps que de recevoir, s'oriente vers l'efficacité.

BIBLIOGRAPHIE

1. Barbeau, Victor, *Le ramage de mon pays*, Valiquette, Montréal, 1939.

2. Barbeau, Victor, *Le français du Canada*, Les publications de l'Académie canadienne-française, Montréal, 1963.

3. Bélisle, L.-A., *Dictionnaire Général de la Langue Française au Canada*, Bélisle, Éditeur, Québec, 1957.

4. Blanchard, l'abbé Étienne, *En Garde! (Anglicismes et Termes anglais)*, Montréal, 4e éd.. 1913.

5. Buies, Arthur, *Anglicismes et Canadianismes*, Québec, 1888.

6. Dagenais, Gérard, *Réflexions sur nos façons d'écrire et de parler*, Le Cercle du Livre de France, 1959, 6 fascicules.

7. Dagenais, Gérard, *Dictionnaire des difficultés de la langue française au Canada*, Éditions Pedagogia Inc., Québec-Montréal, 1967.

8. Darbelnet, J., *Regards sur le français actuel*, Beauchemin, Montréal, 1963.

9. Daviault, Pierre, *Langage et Traduction*, Bureau fédéral de la traduction, Secrétariat d'État, Ottawa, 1961.

10. De Chantal, René, *Chroniques de français*, nouvelle édition revue et corrigée, Éditions de l'Université d'Ottawa, 1961.

11. De Montigny, Louis, *La langue française au Canada*, L'auteur, Ottawa, 1916.

12. De Montigny, Louis, *Écrasons le perroquet (divertissement philologique)*, Fides, Montréal, 1948.

13. Koessler, Maxime, et Jules Derocquigny, *Les faux amis ou les pièges du vocabulaire anglais*, Librairie Vuibert, Paris, 4e éd., 1949.

14. La Documentation française, *Les Institutions politiques de la France*, coll. Le Monde contemporain, 1959, 2 vol.

15. La Documentation française, *Composition du Gouvernement et des cabinets ministériels*, ministère Georges Pompidou, liste arrêtée au 6 juillet 1962, République française, Secrétariat central du Gouvernement.

16. La Société du Parler français au Canada, *Glossaire du parler français au Canada*, L'Action Sociale (limitée), Québec, 1930.

17. Laurence, Jean-Marie, *Notre français sur le vif*, Le Centre de Psychologie et de Pédagogie, Montréal, 1947.

18. Le Comité de linguistique de Radio-Canada, bulletin *C'est-à-dire* et cartes de vocabulaire *Expressions courantes*, Montréal.

19. L'Office de la langue française, bulletin *Mieux dire*, Ministère des Affaires culturelles, Québec.

20. Lorrain, Léon, *Les étrangers dans la cité*, Les Presses du Mercure, Montréal, 1936.

21. Rinfret, Raoul, *Dictionnaire de nos fautes contre la langue française*, Beauchemin, Montréal, 1896.

22. Tardivel, Jules-Paul, *L'anglicisme, voilà l'ennemi*, Imprimerie du « Canadien », Québec, 1880.

23. Veslot, H., et J. Blanchet, *Les traquenards de la version anglaise*, Classiques Hachette, Paris, 1964.

24. Vinay, J.-P., et J. Darbelnet, *Stylistique comparée du français et de l'anglais*, nouvelle édition revue et corrigée, Didier, Paris, Beauchemin, Montréal, 1967.

INDEX DES ANGLICISMES CITÉS

N.B.: Les mots et parties de mot anglais sont en caractères italiques.

— A —

— B —

— C —

— D —

— E —

— F —

— G —

— H —

— I —

— J —

— K —

— L —

moi pour un 198
monétaire 65
money-maker 184
montant 82
montant de (au) 196
monter sur le banc 161
montrer 82, 96
montrer qn 208
mop 110
mopses 131
mort (à) 192
mot (avoir un) 149

mots 86
moulin à papier 161
moulin à scie 162
mouver 141
Move up! 203
m.p. 31
muscle 110
musique à bouche 162
musique en feuilles 162
my eye 199
my foot 199
mystifiant 65

— N —

napkin 110
national 65
*neck*er 124
necking 110
nectarine 138
négative (dans la) 191
net 110
nettoyeur 82
Never mind 203
nil 110
niquiouque 132

No 30
No sir! 203
nomination 66
nomination (jour de) 160
non monsieur 198
notice 66
notice (une semaine de) 162
notifier qn de qch. 208
nowhere 120
n.p. 31
numéro civique 162

— O —

O boy! o boy! 203
objecter (s') 168
obtenir des chauffeurs
  (Vous pouvez les) 202
obtenir des soins médicaux 180
off 110
offense 66
offense contre 162
offense mineure 162
office (en) 189
officier, n. et v. 66
officier rapporteur 162
officier senior 162
Oh yes? 203
one way 194
open 110
opener 111
opération (en) 189
opératrice 66
opérer 66-67

opinion de (dans) 195
opinion (être d') 156
opinion légale 162
opportunité 67
opposant 93
optionnel 139
orateur 83
ordre 67
ordre (dans l') 192
ordre de la cour 162
ordre (en) 189, 192
ordre en conseil 162
ordre (être hors d') 156
ordre (hors d') 189-190
ordres « C.E. » (être couvert par les) 216
ordres sont les ordres (Les) 202
originer 139
Ottawa 67
ouaguinne 132
ouch 111

— P —

— Q —

— R —

— S —

— U —

— V —

Imprimé au Canada

Printed in Canada